著 成長株テリー

2030年
までの
株式市場、
大胆予測

日経平均5万円時代がやってくる

Pan Rolling

JN032777

Contents

はじめに

　私が初めて株式投資に興味を持ったのは、大学生になりたての頃の1980年、母親が株式投資をしていて、京浜急行の株主優待券を貰っていたおよそ40年も前のことになります。大学卒業後、社会人になって、早速株式投資を始めました。それから約36年間という時代は、ある意味大きな変動のあった時代かもしれません。日本のバブル前の黎明期からバブルの拡大期、崩壊期、1990年からのバブルの崩壊による「金融恐慌」も起こっています。1999年からの米国発のITバブル、2001年には、同時多発テロの発生もありました。

　2001年の小泉内閣発足による日本経済の構造改革の時代から、中国経済の発展による景気回復期までありました。その後の米国のサブプライム問題から2008年のリーマンショックへいたる過程も経験しました。加えて、2010年以降のユーロ債務問題や、2011年には日本を襲った東日本大震災や福島原発事故など世界を揺るがすような大事件も経験しています。その後、2013年に安倍首相のリーダーシップによるリフレ政策を中心とするアベノミクスが開始されて、日本経済は新しい夜明けを迎えました。

アベノミクス期においては、２度にわたる消費税増税や日銀のマイナス金利導入というようなことも起こりました。2017年には、米国でトランプ大統領が誕生して、トランポノミクスと呼ばれる減税政策などによる経済政策による株高や、米中覇権争いなどが発生して世界情勢が一変してきています。米中覇権争いは激化して、ついには、『米中貿易戦争』と呼ばれるようになりました。その後、2018年にはアベノミクス景気のピークを迎えています。

　2020年には、新型コロナウイルスによるパンデミックショックによる大恐慌が、世界中に広がりました。米国政府を中心に、世界各国で超大型の経済対策が行われました。また、先進国の中央銀行を中心に、ゼロ金利政策や大胆な量的緩和を行い、パンデミックショックによる大恐慌を克服しようとしています。

　この間に、日本の景気を代表すると言われる日経平均株価は大きく変動しています。1980年代は、日経平均約8000円から約４万円近くまで上昇していくバブル期、その後2003年まで続く、バブル崩壊期から金融恐慌期。小泉政権の改革と中国経済の成長に伴う日経平均の上昇期もありました。その後100年に一度という不況になったリーマンショックにより、日経平均は瞬間的には6000円台まで落ち込むこともありました。

　その後のアベノミクスにより、日経平均は、アベノミクス開始期2012年12月（約8000円）から約3倍のレベルまで上昇して、日本経済にも明るい兆しがみられるようになりました。

　2020年3月には、世界中で、新型コロナウイルスの蔓延による

パンデミックショックによる大恐慌状態となってしまいました。しかしながら、日本政府の財政支出や日銀の緊急緩和政策によって、日経平均は一時的に暴落し１万6000円台を付けました。世界的な超々低金利や各国政府の経済対策などもあり、2021年1月時点で、日経平均は、30年ぶりに２万8000円台まで上昇しています。

　総括すると、私がみてきた世界は、「お金」の循環が経済を作るという世界でした。世界は、お金という経済の血液が循環することによって、多様な経済活動が行われ、その量と回転数によって経済が維持されているということです。

　私はこのような経済循環の中でどのような投資を実践していくかということを知ることによって、投資家として大成功を収めることも可能と想定しています。丁度、今は100年に一度という大恐慌の最中であり、読者のみなさんが投資家として、どのように対処をするのがよいのかについて、お金の循環と経済の流れと産業の勃興と衰退という面からみて、これを解き明かそうとする書籍となります。

　また、アベノミクスによって息を吹き返し始めた日本経済が、安倍政権から菅政権に移行して、どのように変化するかを想定し、今後の日本の株式投資や不動産投資の対処法も解説しています。本書が、投資家の皆様のご参考となることを期待して止みません。

　　　　　　　　　　　　　　　　　　　　　成長株テリー

第1部

日経平均
5万円への道

序章　日経平均が5万円になる時代に 個人投資家が知るべきこと

0.1）過去の相場の歴史から学ぶべき教訓

　私は、約40年間に亘って日本の株式相場をみてきました。残念ながら日本の個人投資家の大半は、負けている状態が続いています。なぜ、このようなことが続くのかについて考察してみると、概ね以下のようになると思われます。

1）投資のリスク・リターンを考えないで、リターンのみを追及する個人投資家が大半であること。

2）個人投資家は、経済の大きな流れを把握せずに簡単に儲けが

出るという話を聞き、相場のリスクシナリオなどに鈍感であること。

３）個人投資家は、一時的な大きな利益を追うことに憧れて、大きな経済の流れや政府や日銀の政策等については考慮せずに、大きなポジションを取って、経済の流れが変わった際に大きな損失を発生させること。

　上記については、1989年12月の日経平均が約4万円まで上昇した時期においても、個人投資家の80％～90％が損をしているという統計があったことにも反映されているかもしれません。

　アベノミクス相場においても、日経平均は、約8000円台から２万4000円台までに上昇していますが、やはり80％程度の個人投資家が、損失またはトントンという統計があるようです。実際に大儲けした個人投資家は、すべての個人投資家の１％程度という話もあるようです。現在も続くアベノミクスリフレ相場において、日経平均は約３倍まで上昇していますが、日経平均よりも資産が増えた個人投資家は、ほとんどいない状態ではないかと推測しています。

　ツイッターでのつぶやきをみていても、個人投資家のつぶやきは、『億り人』を目指しているようなツイートがかなりあるのですが、下げ相場の局面では、このような個人投資家のツイートも大きく減ってしまいます。また、日経平均よりもオーバーパフォームしている個人投資家はどれくらいいるのかという疑念もあり

ます。もちろん、過去40年間においては、日経平均は以下のように大きく変動しているので、日経平均に勝ち続けるということは至難の業であったのは間違いありません。

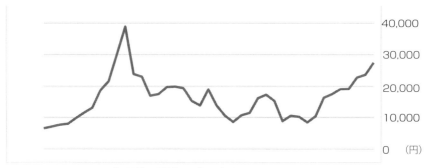

日経平均　過去40年の年足チャート

　このような日経平均に対して、個人投資家が、「個別銘柄」に投資をしていくという方法は、かなり困難を極めるものかもしれません。まずは生き残っている企業がどれくらいあるか、株価が40年前よりも上昇している株がどれくらいあるのかと知ることも重要なのかもしれません。

　日本株市場での時価総額一兆円以上の上位の銘柄をみても、生き残っている企業は、TOYOTA、ソニー、パナソニック、大手商社、都市銀行やNTTなどに限定されています。その中でも、株価が最盛期を過ぎた銘柄が目立つようになります。1990年以降も株価が大きく上昇した企業は新興企業であり、新日鉄や日本郵船等の歴史の長い企業ではありません。

　過去40年の日経平均は、以下のような時期に分けられます。結

局、日本経済が大きく躍進した1990年までの相場と、それ以降日本経済が約25年以上低迷した相場、その後アベノミクスによって、日本経済が成長過程に戻りつつある状況で、大きく転換した相場に分けられます。

①約8000円～約４万円まで上昇した1980年～1989年までの相場

②約４万円～約8000円まで下落した1990年～2003年までの相場

③約8000円～１万8000円まで上昇後、再び約8000円まで下落した2004年～2011年までの相場

④約8000円～２万7000円まで上昇した2013年～2020年までの相場

　今後については、日本経済が大きく転換していく10年になる想定をしています。米中の貿易戦争の中で、日本企業がいかにうまく生き残っていくのかということが問われる日本経済となりそうです。丁度、この書籍を書いている最中に、日本は安倍首相から菅義偉首相へと変わり、米国の大統領も、トランプ大統領からバイデン大統領に代わるような状況となってきています。

　日本政府は、新型コロナによる経済危機から、膨大な財政支出をするようになり、日銀もその資金需要に沿って量的緩和を継続させています。米国やユーロ各国も同じような状態となっており、世界中の株価や地価が大きく上昇するような状況となっています。

　但し、私の想定する2025年の日経平均5万円となった時点で、どれくらいの個人投資家が儲けているのでしょうか？　おそらく日経平均などの連動投信などに投資している個人投資家と一部の

優秀な個人投資家のみとなることを想定しています。

　投資環境がよくても、儲かっている投資家は、2割程度に留まると想定しています。このような中で、本当に儲かる個人投資家となるために必要なのは、①大きな経済の流れと政府や中央銀行の政策や運用姿勢などがどのように変化していくのかをみていく力、②新しく勃興していく産業や企業についての栄枯盛衰を見極める力ではないかと想定しています。

0.2) チェックすべきポイント

　個人投資家として、大きな成功を収めるためには、以下の2つの変化について十分な認識を持つことが必須と考えられます。特に、2）は難しい点があるのですが、もし、このことが理解できない個人投資家であれば、日経平均連動投信などの低コスト投信での定期積立投資が有効と思われます。

　1）大きな経済の流れと政府や中央銀行の政策や運用姿勢

　2）技術革新などによる世の中の新興産業や企業の変化

第1章　経済とお金の流れの考え方

1.1）お金の流れと株式投資

　上場株式は、世の中の景気を映す鏡としてみられてきた歴史が
あります。18世紀に南海泡沫事件が発生して以降、実際に株価が
高い際には好景気ですし、株価が安い際には不景気であることが
通常の姿であるからです。最近では、大きな株の塊である株価指
数がその指標となっています。

　その株価指数に一番影響を与えるものは何かというと、実はお
金の流通量であるということが知られています。それも一定量の
お金も1回転よりも2回転したほうが経済は活性化していきます。

　まず第一にお金の量を増やすという政策を考えることが重要です。

　お金の流通量は、原則、各国の政府の財政支出や中央銀行の通貨発行量によって決められています。経済は、お金の量がすべてということになります。経済の発展については、お金の量と回転量に比例します。世の中に出回るお金の量の増減と回転量が、その国の経済＝国富を左右するという事実を忘れてはなりません。

　1929年に起こった「世界大恐慌」を一番に脱却したのは、1931年に当時の高橋是清大蔵大臣が、金本位制から離脱を行った日本であったという事実を知ることです。結局、政府の財政支出や中央銀行が貨幣を発行する際に、政府や日銀の金の保有量額以上の貨幣を発行させることができないというルールを一時的に撤廃して、流通する貨幣量を大きく増やすために積極的に財政支出をした（お金の量を増やした）ことが、日本経済を復活させたのです。

　「金本位制通貨制度」に対して、これを「管理通貨制度」と呼ぶようになりました。しかしながら、高橋是清大臣は、1936年に二・二六事件で暗殺されてしまい、世界最古ともいえる「MMT（現代貨幣理論）」による財政支出と日銀による貨幣の増発の実践は終わりになりました。

　金本位制度の離脱は、簡単に言えば、日本が金10トンを保有していたら、これまでは、保有量の額まで10トンの価値までしか貨幣を発行できなかったものを、それ以上、例えば20トンくらい分までの貨幣を発行できるようにしたということです。それくらいお金を刷れば、経済がデフレ下であっても貨幣流通量が増えるの

で、インフレになるということです。

　実際に金本位制からの離脱によって、日本経済はインフレになってきていました。その後、財政支出の中でも、特に軍事支出を抑えようとしたことから、高橋是清氏は、二・二六事件で軍部の青年将校に殺されたという説もあるようです。現在でも、財政支出を大きく増やしてしまうと、それに慣れた国民がどんどん財政支出を要求するようになるから、このような財政支出策をとるべきではないという論理もあります。

　大恐慌下のデフレ経済から脱却するには、インフレを起こすためにも貨幣の供給量を大きく増やすことが重要な政策になります。また、インフレが起これば、人々は消費する傾向が強くなり、それによって、貨幣の流通量も増えるという方向性になります。

　例えば、今現在1000円のもの（例えば、書籍）が、来年に1050円になるということであれば、人々は、今買ったほうが得だという考え方になります。もちろん、10％以上の高いインフレが起こると、人々の収入もそれほど増えないし、不景気なのに物価だけが上がるという『スタグフレーション』になってしまい、逆効果になることもあります。

　現状では、先進国各国が、政府や中央銀行の政策としてとっている調整手法は、年率２％～３％という『緩やかなインフレ政策』です。失業率の状況と物価上昇率をみながら、金利と政府の財政支出による通貨量と債務総額等を調整しながら、経済運営をするという方法です。失業率が下がるということは、国民に広くお金

がいきわたるということであり、結果的には国民の幸福につなが
るということになります。

　例えば、物価上昇率が、年2％であれば、中央銀行が市場金利
を0％程度に調整して、実質金利（実効金利－インフレ率）をマ
イナスに誘導すれば、お金を借りる人が大きく増える可能性があ
ります。お金を借りてでも何かに投資、例えば不動産や上場株式
などを買ったほうがいいという考え方になります。

　米国では、過去約30年、不況が来るたびにこのような政策を取
り続けています。景気が回復する局面では、実質金利を引き上げ
て、インフレや借金などの増加の抑制を図るような方法をとって
います。

　このような金融調整がうまく機能せずに、株式市場や不動産市
場にバブルが発生して、最終的にはリーマンショックのような大
きなリスクイベントを起こすこともあります。私は日銀の金融引
き締めによって、世界の貨幣流通量（お金の総量）が減ったこと
が、リーマンショックの遠因ではないかと考えています。日本は、
世界一の債権国であり、このお金の減少が世界に流れるお金の量
を減らしたことによって発生したと想定しています。

　現在日本でも、税収が国家財源であるという財政理論（主流派
経済理論）から、いたずらに財政支出を増やして国の債務を増や
してはいけないという、政府の財政均衡論が主流となっています。

　2019年頃から、日本でも米国のチェルトン教授によるMMT（現
代貨幣理論）という、政府は自国の信用力による債務額を調整し

て、失業率とインフレを操作するという考え方が流行するように
なりました。ベーシックインカム派という、全国民に毎月一定金
額を給付するという、極左的な考え方も見られるようになりまし
た。MMT派からすれば、MMTこそ地動説であり、主流派経済
理論は天動説だという論理を展開しています。

　実際に緩やかなインフレ政策というのは、先進国では約30年以
上も前から実践されるようになり、それを実践してきた米国など
の経済は大きく成長しています。私が現在住んでいるニュージー
ランドも同じように緩やかなインフレ政策をとっています。

　過去の約100年程度の歴史を振り返ると、米国で1929年10月に、
暗黒の木曜日という株価の大暴落が発生して、翌年に日本が1930
年に「昭和恐慌」と呼ばれる時代から約90年を経ています。

　2008年になって、「リーマンショック」という、1929年の暗黒
の木曜日のような株価の大暴落が起きました。それから約12年後
の2020年には、新型コロナウイルスの蔓延による「パンデミック
ショック」が世界中の株式市場及び経済に壊滅的な影響を与えて
います。

　このパンデミックショックに対処するために、米国FRBや日銀
やユーロのECBなども、リーマンショックを踏まえて、金融の超々
緩和と、金融機関や時価総額が1兆円以上もある大企業は決して
潰さないという方向性で動いています。また、米国政府や日本政
府も、超大規模な経済政策を打ち出して、パンデミックショック
による経済的落ち込みを克服しようとしています。

丁度、本書を書き上げるタイミングで、米国の大統領選挙が終わり、民主党のバイデン大統領候補が、米大統領になり、より大きな財政支出をしようとしています。一方で、現トランプ大統領は、一定の節度をもった財政支出を掲げています。

1.2) レイ・ダリオ流 経済サイクルとお金の流れの考え方

レイ・ダリオ氏は、世界最大級のヘッジファンドであるブリッジウォーター・アソシエイツの代表です。同氏は、2015年に約100年間の経済変動についての映像をYoutube「30分でわかる経済の仕組み」で公開しています。ケインズ経済学を基礎とするケインジアン的な考え方ですが、政府と中央銀行は、適度にインフレ（ないしはデフレ）と失業率を調整しながら、国民のために失業率を最低水準までに調整する機能を期待されているという持論を展開しています。

A) 技術革新による生活レベルの向上

彼によれば、経済は、①「生産性の向上」、②「信用の中長期的な周期（5年～10年）」と③「信用の超長期的な周期（75年～100年）」の周期（サイクル）によって支配されているという主張をしています。

人類は「技術革新」という生産性の革新的向上によって、多くの人類が一定のレベルの生活を営むことができるようになってい

ます。技術革新による革新的な商品がもたらす超デフレ経済下で生活を営んでいます。例えば、1920年代には航空機による海外旅行は現在の宇宙旅行のような夢のような高額商品でしたが、今では一般人にとっても普通の商品となっています。20世紀前半には超高級品であった自動車も現在先進国においては、通常の消費財となっています。

また、実際に地球上の人口は、1950年の約25億人から2020年の約80億人弱という約3.2倍というレベルに達していますが、日々の食事にも困る貧困層は、1950年代よりも大きく減少しているということをみれば、全人類の生活レベルが格段に向上していることは一目瞭然です。

B) 借金（信用）という生活向上先取り触媒（エンジン）とインフレ経済

通常、人は生活水準の改善のために将来の収入を先取りした借金（信用）という行為を行うようになる。仮に、インフレ社会であれば、借金はインフレによって、やがては帳消しになる効果があります。例えば、借金をして住宅を買って、10年後に住宅の価格が2倍になれば、借金の負担は大きく減少するようなことが起こります。これがインフレ経済です。

C) 過剰信用の発生とデフレ経済

しかしながら、人間は景気の波によって、支えきれないほどの

過大な借金をして過剰な債務負担を負うようになります。やがて、経済が減速する局面に遭遇する。そして、その借金によってバブル経済が崩壊していく。その後、デフレ経済にでもなれば、更に借金（信用）の負担が大きくなる。やがて不景気になり、その額が巨大になれば、中央銀行の金融調整だけでは景気の調整ができないような非常事態が発生する。場合によっては大恐慌に発展することもあるという内容です。

D) 人間の欲と過剰債務とバブルの崩壊

やはり、経済は主に「人間の欲」によって動いており、景気がよければできるだけ儲けて、豪勢で豊かな生活をしようと試みることによって、過剰債務が発生する。そのような状況が長く続くことによって、人々がそれに慣れてしまい、中央銀行が金融緩和や金融引締めなどの金融調整によって、景気の調整弁を開閉するだけではどうしようもない事態に陥ることがある。それが、1930年に起こった世界大恐慌であり、最近であれば、2008年に起こったリーマンショックや現在のパンデミックショック以降の大不況です。

加えて、一度大不況が起こると政府や中央銀行の政策が極端な方向へ動くこともあり、それから10年〜20年程度は、経済が安定しない時代が続くようになる。結局、このような大きな経済の流れは、70年〜100年周期で動くという結論になるのです。

次は、その経済の周期（インフレ期とデフレ期）を端的に示す

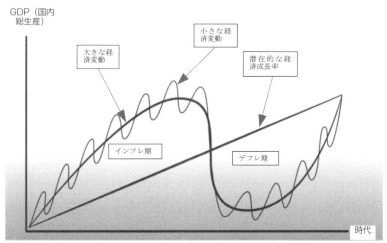

GDP（国内
総生産）

大きな経
済変動

小さな経
済変動

潜在的な経
済成長率

インフレ期

デフレ期

時代

約70年～100年の経済の大きな波と5年～10年の小さな経済変動の波の図

図表となります。

　上図の「小さな経済変動」については、各国の中央銀行が、利上げなどの金融引締めや利下げなどの金融緩和などで、経済の過熱や冷え込みを調整していきます。加えて、各国政府も景気が悪化すれば、財政支出を増やして景気刺激策を取ります。

　また、上図の「大きな経済変動」が潜在的な経済成長率を大きく上回っている状況は、インフレ期でありバブル経済期のような状態です。逆に、大きな経済変動が、潜在的な経済成長率を下回っている状況は、バブル崩壊期からデフレ期を示しています。

　日本においては、戦後の1950年頃から1990年頃までが、インフレバブル経済期であり、その後に続く1990年～2013年頃が過剰債

　務修正によるデフレ期であり、2013年頃からアベノミクスが開始されてようやく超長期のデフレ経済から脱しようとしています。

　現在は、世界的にリーマンショック後の過剰債務デフレ調整期ということになります。米国FRBもリーマンショック時には、超巨大な金融緩和を行って、リーマンショック後の大不況を乗り越えようとしました。2015年からは、量的緩和と利上げによって、このような異常事態を解消へ向かう方向性となっていましたが、米国経済の悪化や2020年以降のパンデミックショックによる大恐慌によって、再びFRBのバランスシートは異常な事態に直面しています。このようなFRBの状況は、1930年代以来のことです。

　日銀については、2013年のアベノミクス開始時点から、リフレ政策をとりバランスシートを大きく膨らませていました。これによって、円安が進み輸出企業を中心に業績が大きく回復して、日経平均も約3倍まで上昇しています。パンデミックショック発生後は、日本政府も大規模経済対策で財政支出を増大させ、日銀も量的緩和を増額し更なる金融緩和を行うようになっています。

　先進国政府や中央銀行は、不況になりデフレ期になると、ますます民間の債務（借金）の負担が大きくなることから、民間では支出の削減や債務減額が行われるようになり、また政府は適度な財政出動を行い、中央銀行はお金をたくさん刷ってデフレとインフレのバランスをとるような政策をとります。現在のような大恐慌時には、政府は巨額の財政支出をして、また、中央銀行も政府や金融機関や企業から金融資産などを買い取るなどして大量の資

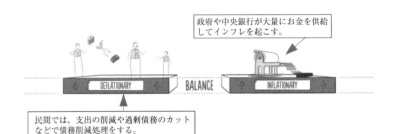

政府や中央銀行が大量にお金を供給してインフレを起こす。

DEFLATIONARY　BALANCE　INFLATIONARY

民間では、支出の削減や過剰債務のカットなどで債務削減処理をする。

デフレ経済となった場合には、財政支出の増額や貨幣増発によるインフレでバランスをとる

金を供給します。そして、緩やかなインフレが起こるまで、経済を調整する機能を担っています。

　現在の新型コロナウイルスを原因とするパンデミックショックによる大恐慌が、大規模な経済政策やインフレ政策によって克服されることは、不況下の株高という株価が将来を示唆するようになります。今後も実態経済の状況に合わせて、経済対策や金融政策が決定されていくものと思われます。

　但し、日本については、緊縮財政から経済を優先する政策に転換する。すなわち、1997年以降の主に「財政均衡」を主眼とする政府の財政政策については、大きな変化（パラダイムシフト）を迎えると想定しています。

　バブル崩壊後税収が大きく減ったことから、政府は「財政均衡」させるために財政支出を減らし、異常に膨らんだ国債残高を減らすことが重要だという政策に傾いていました。こうすることによって、お金の流通量が増えない状況にあったのが過去約30年の日

本経済です。また、大企業でも長く続いたデフレ経済下で、借金の負担が重い状況が長く続いたことから、「借金は悪」という考え方が染みついています。最近になって、借金は悪という考え方に関して変化の兆しが見られるようになりました。

　一方で米国企業は、パンデミックショックによる大不況前には、金利水準が異常に低いので、ボーイング社のような世界を代表する企業までが、借入金を増やして自己資本をマイナスにするような愚行を行っていました。世界的な超低金利を利用して、借入をできるだけ増やし自社株買いや配当金の原資として、借り入れた資金を利用していたのです。

　これまで述べたように、経済はすべてお金の量とその回転数で決定されることが明確になってきています。それを加速させるのが借金であり、借金も行き過ぎると逆噴射して、経済にとてつもない悪影響を与えます。このような経済の調整をするのが政府の役割であり、金融調整をするのが中央銀行の役割であるという基本的な要素を忘れずに、株式投資や不動産投資を行うことが投資家として成功するための鍵になるということです。

1.3）1970年代からの総括

　私は、経済学者でも経済評論家でもありません。但し、投資家として1980年代からいろいろな事象をみてきました。私が生きてきた各時代を総括すると、以下のような時代に分けられると考え

ています。もちろん、2021年以降については、私の想定が入っています。

①1970年～1989年：日本経済の高成長と原油インフレ、バブルと資産インフレの時代

②1990年～2012年：日本経済の低迷、バブル崩壊と資産デフレ時代

③2013年～2019年：日本経済の再興とリフレ政策によると原油安によるデフレから緩やかなインフレへ以降の時代

④2020年～2030年：緩やかなインフレと安定経済成長時代

※以上、次ページの図参照

　このような観点からみると、結局日本政府の財政政策などや日銀の金融政策に起因するような事象の発生が見て取るように理解できるようになります。結局、経済の大きな流れは、政府の財政政策などと日銀（中央銀行）による金融政策によって、大きく変化していくということです。

　日本で「少子高齢化」という言葉が、普通に語られるようになって20年以上の時間が経過しています。日本経済は、2010年頃には、もはや経済発展の余地がないような負け犬状態となっていました。このような状況となった理由として、考えられるのはひとつには少子高齢化に伴う主要な消費層である20～50代人口の減少という国内経済の成熟化を想定した、企業の国内経済軽視の行動

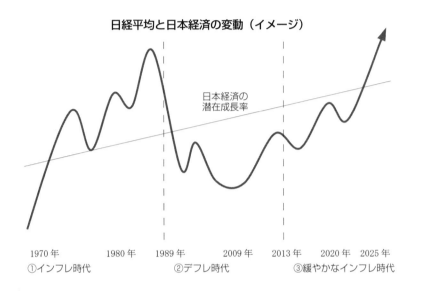

日経平均と日本経済の変動（イメージ）

日本経済の
潜在成長率

| 1970年 | 1980年 | 1989年 | 2009年 | 2013年 | 2020年 | 2025年 |

①インフレ時代　　　　　　　　②デフレ時代　　　　　　③緩やかなインフレ時代

です。それに加えて医療費などの福祉予算の増大が想定され、政府が緊縮財政政策をとるようになったことにも問題があったのかもしれません。

　米国でも、1970年代〜1990年代においては、国内の製造業などの産業が衰退していくという産業の空洞化ということが起こっていましたが、新しい産業やソフトウェアを中心にしたサービス業が勃興して大きく変化しています。その裏では、政府が財政支出を大きく増やし、また、中央銀行であるFRBの大胆な金融緩和とともに、インフレに誘導して経済を成長させ続けているからです。

　日本でも安倍首相の「アベノミクス」という主に貨幣量を増やすリフレ経済政策によって、お金の循環が格段によくなり、日本

経済も少しずつ成長するようになりました。2015年頃から、好景気による人手不足という状況が5年以上も続き、外国人労働者が都会のコンビニで働くことが当たり前になり、田舎のコンビニでは80歳代の老人がレジを打つ姿も見られるようになりました。労働力は海外から輸入する時代になり、また、高齢者でも働き場を確保できる時代になっています。人間は定年引退して好きなことをするよりも、仕事をしながら楽しく過ごすほうがいいという世の中となってきています。

　アベノミクスは、いわゆる貨幣を増発する日銀によるリフレ政策のみでしたが、それが経済の血液ともいわれるお金の流れを格段に良くする効果をもたらしました。但し、このお金の流れをよくするためには「増税」も厳禁です。増税は世の中からお金を減らす政策ということになるからです。結果的に、アベノミクス下で、日銀がお金を刷りまくっていながら、政府が消費税増税によってお金の循環にブレーキをかけまくるという前代未聞の経済政策となってしまいました。それでも日銀の大胆な緩和政策による日本の経済的な回復は顕著で、日経平均はアベノミクス開始時よりは、約3倍近くにもなっています。

　推測の域をでませんが、私は2019年10月の消費税増税が、世界中のお金のめぐりを悪くして、2020年3月のパンデミックショックを起こした可能性もあるという考え方をしています。

　簡単に言えば、お金の流通量を減らすという施策は、日本経済全体を縮小させるということが明確にわかってきたのです。また、

世界最大の債権国でもある日本のお金が縮小していくと世界経済にも大きな影響を与える可能性さえあるのです。

　極端な政策事例と思われるかもしれませんが、現在MMTによるベーシックインカム論が一部市民権を得るようになりました。日本経済が成長しないのは、日本政府の財政支出が足りないのだという議論が盛んになされるようになっています。

　新型コロナウイルスによるパンデミックショックで、日本政府も合計で200兆円をこえるような巨額の経済対策を打ち出すようになりました。まだ消費税減税までは踏み込んでいませんが、菅政権による第 3 次経済対策でそのような方向性になるかもしれません。リーマンショック時とは比較にならないくらいの大規模な経済対策です。現時点でも菅首相のもとで真水が30兆円規模の第 3 次経済対策がなされようとしています。80兆円から100兆円規模の経済対策と言われているようです。

　このような状況下でも 5 ％を超えるようなインフレが起こらない状況を考えると、世界中の経済状況が大きく変わったと考えられます。特に、重要なエネルギー源である「原油」という資源については、すでに可採年数だけで1000年分も見つかっているという説もあります。結局、1970年代〜1980年代にかけて語られていた石油枯渇論は「ウソ」であったということです。2010年くらいにも日本でも某国策放送局は、あと30年で石油は枯渇するようなフェイクニュースを流していたような記憶もあります。

　原油については、米国で、2000年代から2010年代に起こった「シ

ェールガス、シェールオイル革命」によって、大きく状況が変化したのです。石油等の掘削技術の向上によって、世界一の原油保有国となった米国は、1970年代の石油危機時から原油輸出を止めていましたが、外国に石油を輸出できるまでの生産国に戻ったのです。このような状況から原油も世界的にだぶつくようになり、インフレの大きな要因であったエネルギー資源の供給が大きく緩和されています。

　また、日本が中心となった省エネ技術も世界中に広まるようになり、世界人口が約80億人に達しようとする中でも、有り余るくらいの原油供給ができるようになったのです。オイルショックで、高インフレが発生した1970年代中期から1984年頃の資源価格の高騰によるインフレの時代とは様変わりしています。

　まだ財政破綻かハイパーインフレがやってくるというような論調を語る経済学者なども多くいるのですが、パンデミックショックで政府が巨額の財政支出を行い日銀が大量に国債を買っても、金利上昇がほとんどなく、最近では財政破綻論やハイパーインフレ論は、トーンダウンしてきています。

　1990年以降のバブル崩壊期に、政府の税収が大きく減って、このままでは政府の財政が破綻するような話がでてきたことが財政均衡論のきっかけでした。1997年の橋本内閣時に制定された財政均衡法によって財政均衡化を図ることが、日本政府には必要という政策が行われるようになりました。最近でも、2019年くらいまで財政健全化という政府の目標のもとに、いろいろな財政支出を

削減していくことや増税が続けられていました。

　今回のパンデミックショックによって、経済政策は大転換点を迎えたと考えられます。税金とは真逆の政策である政府から国民への給付金だけでも、30兆円以上を配った状態となりました。2020年度の国債発行額が、80兆円以上になるという想定となり国家予算の6割近くを国債で賄っています。しかし心配されたインフレ懸念による金利上昇は一向に起こりません。

　また、突然の如くハイパーインフレが日本を襲うというような論調がまだありますが、この考え方は、石油枯渇論に近いもので、いつの間にか大したことないという時代になると考えています。日本でも政府の借金は、世界の標準ともなってきている50年～100年程度かけて緩やかなインフレによって、事実上政府債務を返済していくという時代の幕開けとなったと言えるかもしれません。財政破綻論者の主張は、単に日本政府の借金がGDP比で大きい面しか考慮しておらず、世界一の「債権国」である日本の資産の評価をしていないのです。

　それどころか、米国は政府だけではなく民間企業を含めて、借金を膨大に膨らませて経済成長しています。米国の借金の合計は1京円以上と、GDPの4倍近くになっています。また、中国も政府や地方政府と民間企業でできるだけ借金を膨らませて、経済成長してきています。ある統計によれば、世界の借金の合計は、既に2.7京円にもなっているという推計もあります。米国と中国の二国での総債務額は、2京円を超えているという話もあるくらい

です。

　また、2010年以降2015年くらいまで、ギリシャやイタリアなどのGDP比の巨額債務が、ユーロ圏で大きな問題となりましたが、パンデミックショック時には、ECB（欧州中央銀行）がユーロ各国の国債を買って潤沢に資金供給するというだけで、大きな問題となっていません。ECBがユーロ各国政府に資金を供給するだけで、各国の債務は大きな問題とならないことが明らかになったことだと考えられます。

　現在世界の覇権争いをしている米国と中国の貿易戦争は、今後も劇化すると思われます。特に、パンデミックショック以降、生産のサプライチェーンから中国を外す動きが加速しており、米国や日本に生産拠点を戻すような動きも活発になってきています。また、これまでコストが安いと言われていた中国も人件費の高騰などにより、その他のアセアン諸国やインドなどでの商品の生産が活発になってくる可能性が高まってきています。

1.4）アベノミクスと緊縮財政政策からの転換

　2020年8月28日に、安倍首相が辞任するというニュースが飛び込んできました。日銀に超々リフレ政策を実行させたアベノミクスですが、一方で政府は2度の消費税増税を実施するという金融緩和効果を打ち消すような政策を行ってきていました。結果的に日銀がアクセルを踏んで、日本政府がブレーキを踏むというよう

な矛盾した経済政策になってしまいました。

　また、私は2020年3月に起こった「パンデミックショック」の遠因は、2019年10月に実施された消費税増税（8％⇒10％）にあると睨んでいます。増税は、実施された時点から経済にも大きな影響を与えますが、通常、半年から一年後に大きな影響を与えるようになると想定しているからです。

　日本政府は、国債などの債務の返済資金として、消費税の増税部分を使うことに決定していたのですが、その額は年間約4兆円という比較的少額でしたが、4兆円でも世の中に流通するお金が減少することになります。日銀が年間80兆円という金額を量的緩和でカバーしていたリフレ政策が、2％という消費税増税によってぶっ飛ぶという状況になったと想定しています。

　2013年4月に日銀の総裁に黒田氏が就任してから、それまで日銀が行っていた量的緩和の約4倍という超リフレ政策がスタートしています。その後、リフレ政策を実施するために財政を均衡させることを財務省と握っていたのか、日本政府は、2014年4月に5％から8％への消費税増税を実施しました。これによって消費税税収は、年間約10兆円から約16兆円にまで増えることになります。加えて2019年10月には、8％から10％へと消費税増税を行いました。その結果として、消費税収は年間約20兆円まで増えることになりました。

　財務省は、1997年に財政収支が大きな悪化していた頃から、ワニの口のように財政赤字が大きくなっていくことを恐れていまし

た。2009年からの民主党政権時代に、安定した財源確保のために、野田首相に消費税増税をコミットさせています。また、2011年3月に起こった未曽有の大災害の政府の財政支出を回収するために、「震災増税」までやってのけています。

　日銀は、2014年4月の消費税3％増税後の2014年10月には更なる量的緩和を発表して、消費税増税による悪影響を減少させるために追加金融緩和政策を行いました。その後、中国バブルの崩壊が発生したこともあり、消費税増税第2弾は延期されて、日銀は更なる量的緩和に加えて、マイナス金利を導入しました。2016年11月には、社会福祉ではなく経済運営を中心に行うトランプ大統領が当選して、日本経済も絶好調な状態に至ります。ところが、日銀は2017年後半頃から景気回復もあり、国債の買い入れ額を少しずつ減らすような動きをするようになりました。

　金融政策の転換によるものかは明確ではありませんが、日経平均は、2018年1月にアベノミクス開始後の大天井を打ちました。その後、2019年6月まで景気の下降期を迎えています。その間は、ある意味バブル経済ともいえる状況であり、飲食店や飲み屋や高級クラブまでお客様で溢れかえっていた時期でした。

　2019年6月頃から、米国FRBも将来の景気悪化を懸念して、金融緩和へ（利下げ時期）に転換しました。トランプ大統領が、企業減税等を行ったことで絶好調だった米国経済でしたが、米中の貿易戦争などが影響して、景気の先行きの不透明感が感じられるような時期となったのです。

　こうした中で、パンデミックショックが発生したこともあり、日銀は国債などの買い入れ上限額を撤廃して年間100兆円くらいのペースで超々金融緩和を継続しています。政府も国民に対し給付金や雇用保険などを使って、大きく財政支出を増やすようになりました。このようにして、これまで日本政府が最重要視してきた財政均衡論は、大きく姿を変えようとしています。

1.5) 今後のインフレ経済

　2020年に発生したパンデミックショックで、米国では合計で約400兆円に及ぶ政府による経済対策のほか、米国の中央銀行FRBが民間債権を買い取り続けたこともあり、FRBのバランスシートは、800兆円近くまで膨張してきています。また、米国政府の債務も同国のGDPと同等の金額まで膨張しています。それでも、パンデミックショックによって、経済は年率ベースで、10％程度のマイナス成長となっています。そもそも、米国がリーマンショック後に量的緩和を始めたのは、日銀が2000年代にやっていた対応策であり、現在はそのような方向性に従って、米国FRBも大胆な金融政策を取るようになっています。

　結局、デフレ経済というものが、国民にとってももっともリスクの高いものとして認識されてきており、それを防ぐためにも政府や中央銀行が、流通する貨幣を増やすインフレ政策をとって、緩やかなインフレを起こすという対応に追われている状態です。

　日本政府についても、消費税増税という悪夢のような政策を取らないようになり、米国のような緩やかなインフレ政策に転換していくことが想定されます。実質的には、MMTを理解してそれをうまく運用していくという方向性になるということです。

　2021年9月までには、衆議院選挙が行われますが、自民党も「消費税減税」を政策の目玉として選挙を戦わなければならなくなることも想定しています。日本でも、非常時には大胆な経済政策をとって、経済の正常化をしていく方向性に転換せざるを得ないというのが私の持論です。

　もちろん、このような緩やかなインフレ政策についても、悪い点がないわけではありません。株式や不動産などの「現物資産」と呼ばれるものを「持つ者と持たざる者の資産格差」が拡大するということになります。日本では、過去30年の長い間デフレ政策が続いたことから、格差は正規社員と非正規社員の格差程度にとどまっています。また、経済の成長が停滞して国民全体として、少しずつ貧困化していったこともわかるようになってきています。

　このような状況になっていることに気づいている経済学者も増えてきており、これまでのような国家の債務が大きすぎるからといって財政支出を増やしても、財政破綻やハイパーインフレになるようなことはありません。それよりも世界一の債権国である日本国民が、どんどん貧困化していく方向性であることが、国民の不幸を招いているという考え方に変化してきています。

　このようなマクロの視点から考えると、大企業や中小企業も、

積極的に借金をして成長していこうという姿勢に転換していくことによって、日本経済も停滞した約30年からの離脱が可能になってきます。借金は悪ではなく、借金は経済成長のための糧であることが理解できるようになるのです。

　過去30年間、多くの日本の民間企業は、借金を返済して無借金会社になることを目標としていましたが、キヤノンやリコーなどのように、借金してまでは投資をしない企業は、成長をしないことを選択したような状況となってしまっています。一方で、ソニーはファイナンシャルグループなどをうまく利用して借入金による資金で先行投資をして、大きく成長したという結果がもたらされているといえる状況です。

　このように、お金が政府や中央銀行などが債務を大きく増やすようになると、起業家にとっても大きなメリットをもたらすことになります。投資対象として難しいと言われるスタートアップ企業などへの出資などが積極的に行われるようになります。こうして日本経済が発展していくことになります。また、今日よりも明日のお金の価値が下がるというようになれば、国民も積極的に消費や投資を行うようになり、停滞していたお金が回り出し日本経済も改善していくというシンプルな経済システムが機能しはじめることになるのです。

　日本における「武士は食わねど高楊枝」という「清貧の世界」から脱却することによって、日本経済は、順調な成長を遂げる可能性が高くなるのです。そうなれば、いろいろと面白い新しい企

業も出てくるようになり、日本株市場も大きく発展していくこと
になります。世界の株式市場は、概ねその国のGDPくらいの時
価総額になる場合もありますが、リーマンショック後の日本株市
場は、GDPの半分の価値もなくなっていたのです。

　上のチャートは、金の価格と日経平均、日経平均／純金ETF
の週足チャート（2011年〜2020年）です。

　2019年の後半頃から絶対的な価値を示すと言われる金（ゴ
ールド）の価格が上昇に転じていることがわかります。2019
年から約40％も金価格が上昇しています。一方で、日経平均
は、2018年1月に天井を付けてから下げトレンドが続いてい
ましたが、パンデミックショック後には約30年ぶりの高値と
いう2万7000円近辺まで上昇しています。但し、日経平均の
絶対価格を示すチャートは、2018年10月以降下落傾向が続き、

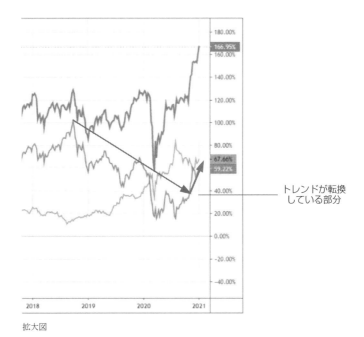

トレンドが転換
している部分

拡大図

2020年9月頃からようやく上昇トレンドに転換しています。この
チャートを見れば、日本経済も明らかにインフレ経済に転換して
きたことを示すと考えられます。

　米国のNYダウについては、指数ベースでは、2.8倍くらいにな
り史上最高値を付けています。しかしながら、金価格との比較チ
ャートをみてみると、2倍程度の価格上昇となっています。結局、
米国FRBが、お金を刷りまくる状況に対して、株式市場が、今後
発生するだろうインフレによって大きく儲かることを反映した株

価の上昇になっているということかもしれません。現状は、株式市場は壮大な金融相場であり、「大不況の株高」が出現している状況と言えます。

　このような背景もあり、政府の財政支出の増大と日銀によるリフレ政策によって、現在は、日本のGDP（約550兆円、2019年度）を大きく超えるような時価総額（約670兆円　2020年末時点）を持つ日本株市場に変身してきています。政府と日銀も株価が高いことは景気のいいことの反映でもあると理解してきています。実際に、年金問題も、GPIF（年金運用機構）の運用も株高による年金資産の増加によって解消されるような方向性で進んでいます。

　このようなお金の膨張度合いから、経済が成長していくということを念頭に置いて株式投資をしていくと、国民にも投資の重要性が理解できるようになるかもしれません。そのためにも、お金と経済の関係を知っておくと、いろいろな対処ができる可能性が高いという結論になります。

　結局、経済はお金の量と回転数によって大きくなるという原則論は、今後も変化がないということかもしれません。個人投資家として国の財政政策と中央銀行の金融政策には敏感になっておくべきであり、今後の投資を考える際にも、その知識と対応策を持っていたほうがいいというのが私の持論です。

　次章では、投資においてあまり語られていなかった「景気の波」という大きな流れについて説明します。例えば、現在起こっている新型コロナウイルスを原因とするパンデミックショックによる

　大恐慌は、1930年以来90年ぶりの大恐慌と言われています。当時は、暗黒の木曜日という米国株市場の投機熱の崩壊によってもたらされたという話があります。現状はその教訓を受けて、世界中の政府や中央銀行が経済対策や金融緩和を打ち出して乗り切ろうとしています。

　私は、2019年くらいから流行り始めたMMT（現代貨幣理論）を支持しています。実際に、市場金利とインフレをどのように調整していくかという経済面で、政府の財政支出と日銀の金融緩和という政策が、重要な役割を果たすようになっているからです。

第2章　景気のサイクルと時代の変遷

2.1）「技術革新」という景気の巨大な波

　これまで株式投資においてはあまり語られていなかった、超長期の景気のサイクルについての話をしていきたいと思います。

　コンドラチェフの波（40年〜70年）：技術革新等が爆発的に社会を変革させる。この点については、ITバブル時や、現状で起こっていることをみるとよくわかるようになってきています。

　技術革新は、大きな景気のサイクルに変化をつけていきます。1800年頃イギリスで起こった産業革命以降から大きく技術革新が進んで、地球上の人口は、約80億人まで住めるようになりました。

技術革新と景気のサイクル

（日経ビジネス*http://special.nikkeibp.co.jp/as/201307/mitsuibussan/vol3/*　より）

1970年には25億人であった人口は、50年経過した現在は約80億人と3倍以上になっていますが、毎日まともに食事をとることのできない人口は、大きく減少しているようです。

　1900年頃から、エネルギー源としての原油が重要視されるようになりました。20世紀には、世界中で原油を求めて、いろいろな場所で紛争が起こるようになっていました。

　世界中で、エネルギー源としての原油が重要視されるようになりました。1942年に日本が太平洋戦争を開戦したのも、そもそもは米国などの原油の禁輸措置がなされたためでした。また、1950年頃には、サウジアラビアでの巨大油田の発見を期に、米国がそ

の権益を握るようになりました。

　その後、イスラエルと中東諸国の中東戦争が発生して、石油が国家の重要な安全保障の商品として取り扱われるようになり、中東では、きな臭い紛争が多く発生しています。1970年代〜1980年代初頭に起こった「オイルショック」は、産油国である中東諸国が、原油価格を大きく引き上げたことがきっかけになっています。

　1970年代に入り、エレクトロニクスという新電子技術がもてはやされるようになりました。その波に乗ったのが当時の日本のエレクトロニクス会社群でした。その代表が、トランジスタラジオを発明したソニーでした。エレクトロニクスなどの新技術は、いろいろな電気製品を生み出しています。その一つが、その後爆発的に普及するテレビでした。当初テレビは、真空管によって作られていましたが、これがいつの間にか、トランジスタを中心とするICと呼ばれる集積回路に変わっていきました。

　1960年代から米国や日本でも高速道路などが整備されるようになり、本格的なモータリゼーション時代を迎えています。1970年頃から、日本でも自動車を所有することが、社会的ステータスとなったのはこの頃からのようです。世界中で自動車が走るようになり、自動車生産が急激に増えたのもこの時期です。それに伴ってガソリンなど石油製品の需要もかなり大きくなりました。

　自動車の普及に伴い、自動車の排気ガスや工場の煤煙などによる環境汚染が激しくなり、環境問題が重視されるようになりました。1970年には、カリフォルニア州でマスキー法案（排気ガスを

一定量までに制限する法律）が通り、こんな厳しい条件で環境に
対応できる自動車ができるわけがないというような論調も多かっ
たものですが、これをクリアしたのが、HONDAのCVCCという
技術で、世界中で注目されたものでした。

　このあたりから、日本企業の米国市場での大躍進が始まります。
第一次オイルショックから第二次オイルショックへと続き、日本
の省エネ製品が米国市場を席捲するようになりました。1980年に
ロナルド・レーガン大統領が誕生して、日米の貿易の不均衡が大
きくなり、日本との貿易摩擦が起こるようになりました。

　最近の技術革新については、そのスパン（実現されるまでの時
間）がどんどん短くなりつつあります。例えば、超電導技術は、
2000年頃には夢の技術として語られていましたが、日本でも送電
線やリニアモーターカーなどによって実現されてきています。み
なさんの手元にあるスマートフォン（スマホ）は、1990年代には、
ダイナブックと呼ばれた夢の手のひらコンピューターです。

　宇宙旅行については、『2001年宇宙の旅』という米国映画（ア
ーサー・C・クラーク原案、スタンリー・キューブリック監督）
で語られていたことが、間もなく実現しそうです。このような時
代を変えるような革新的な発明が、新興の産業としてどんどん勃
興するようになっています。

　今後は、これまでのような時間のかかる進化ではなく、かなり
早いスピードでの技術革新が進むことになり、ますます株式市場
も活況になっていくことが想定されます。これまでは、20年以上

の時間がかかっていた技術革新は、10年という半分にも満たない時間で実現されるようになってきています。このような人類における技術革新が、超長期の景気のサイクルを支配するような時代となっているのです。

　このようなマクロ的な視野から経済を把握して、大きな流れの中でどのように経済は回っていくのかを想定しておくと、株式投資や不動産にも応用できる可能性がありそうです。特に、1999年〜2000年のITバブルや2019年後半から始まった第2次ITバブルからその後についても応用が利きそうです。

　投資家のみなさんもこのような大きな技術革新に敏感に反応する投資家となることが、大きな技術革新というサイクルの中で、株式投資家として成功する秘訣であることも忘れないでほしいと思います。

2.2）8年から12年の中長期の景気循環

　これまでは長い目でみた景気循環を書いてきました。ここからは日経平均株価からみた日本の景気サイクルという観点から、日本経済をみてみましょう。通常、景気の底から景気の山、次の景気の底まで、約8年から12年程度で循環していると考えられます。

　日経平均を見て8年〜12年程度で、景気循環が繰り返していることを把握するのも重要です。日本経済の大きな失敗は、デフレ経済が30年近く続き「借金は悪」という風潮が強く根付いてしま

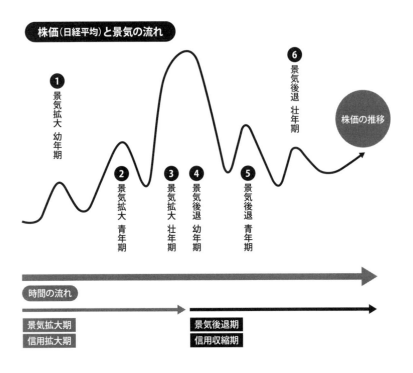

ったことかもしれません。それによって、企業も借金を返すのが善という企業が、大きく増えてしまいました。

2.3）景気拡大期及び景気後退期

　景気拡大期は、①幼年期、②青年期、③壮年期、④老年期と続きます。景気拡大期は、①～③は信用拡大期になり、金融機関などが積極的に企業融資をする時期になります。

①景気拡大幼年期には、企業の業績も赤字企業などが多く、不況から経済を回復させるために、日銀が金融緩和をする時期であり、実体経済は悪いにもかかわらず株式市場が高くなる『不況の株高』という状況になることが多々あります。その後、しばらくして企業業績にも明るい兆しが見えてくる時期でもあります。

②景気拡大青年期には、企業も積極的な設備投資などを開始する時期とも言われており、企業も増収増益を目指して、新たな景気拡大時代に入るタイミングになります。この頃には、銀行などの金融機関も積極的に融資をする時期となります。

③景気拡大壮年期には、目に見えて街角景気などもよくなる時期です。上場企業は増収増益を記録して、増配などをするタイミングとなります。景気過熱によるインフレなどを予防するために日銀は金融引き締めに入ろうとする時期になってきます。場合によっては、加熱し過ぎた融資などを日銀が制限するような政策が導入されることもあります。

④景気拡大老年期は、実際には、景気後退幼年期と重なります。金融機関は融資に対しても慎重姿勢となり、また、金融機関の不祥事などが問題になる時期でもあります。企業業績は、最高益を記録するような上場企業も出てきて増配します。また、政府の税収なども大きく膨らむ時期となります。また、中央銀行は、金融引き締めに転じる時期になってきます。

⑤景気後退青年期となると、企業の業績の先行きに不透明感が
でてきて、前年の最高益からの業績予想悪化を株価が織り込
むようになります。そのような時期には、経済全体を悪化さ
せる要因もでてきて、日経平均が急落するような時期になり
ます。一方で金融機関は景気の先行き不安や不祥事などで融
資を渋るようになります。中央銀行は、景気の先行き懸念か
ら金融引締めのペースが鈍ってくる時期となります。

⑥景気後退壮年期となると、企業業績の悪化が目に見えてくる
ようになり、大きなリスクイベント（たとえば大震災やテロ）
の発生などで、企業業績なども最悪期を迎えるような状況と
なります。金融機関は、積極的に融資を行わず、中央銀行が
ようやく金融緩和をする方向で動くようになります。

⑦景気後退老年期と景気拡大幼年期は重なります。ようやく政
府も景気対策を本格的に行うようになり、中央銀行も積極的
に金融緩和をするようになります。

　私が、株式投資を始めた1984年から本書を書いている2021年ま
での景気動向はどうだったか考えてみると、以下のようになると
考えられます。

　1984年〜1990年　　円高不況から超低金利によるバブル経済拡大期
　1991年〜1995年　　バブル崩壊に伴う景気後退期
　1996年〜1997年　　金融緩和から金融恐慌の発生時期
　1998年〜2001年　　LTCMショックから世界的なITバブルの発生

　に伴う景気拡大期

2002年〜2003年　不良債権の最終処理に伴う景気後退期

2004年〜2006年　新興企業育成と小泉改革による景気拡大期

2007年〜2008年　中国経済の本格的な立ち上がり。リーマンショックによる世界的な金融危機による恐慌期

2009年〜2012年　円高不況による恐慌期

2013年〜2017年　アベノミクスによる景気回復から景気拡大期

2018年〜2020年　アベノミクス景気のピークと増税による景気後退。パンデミックショック恐慌

　上記のように過去を振り返ると、日本における景気の谷から山までの繰り返し、概ね8年〜12年程度で繰り返されています。

　今後、日本政府もインフレ政策をとらざるを得ない状態になってくると思われます。丁度、この書籍を書いている時点で菅首相は、これまでの安倍政権のリフレ政策を継続することを公言しており、しばらくは日銀による日本国債や株式指数のETFを買い続けることが想定されています。政府が引き続き大規模経済政策を行い、とくに減税政策に踏み込むかどうかという点が、日本経済の大きな分水嶺となりそうです。

　私見ですが、政府は、経済状況を考慮しても、減税に踏み込まざるを得ない状態に追い込まれるとみています。第3次の経済対策の骨子の部分になると想定しています。

　いずれにしても、増え続ける国債の残高を減らそうという財政

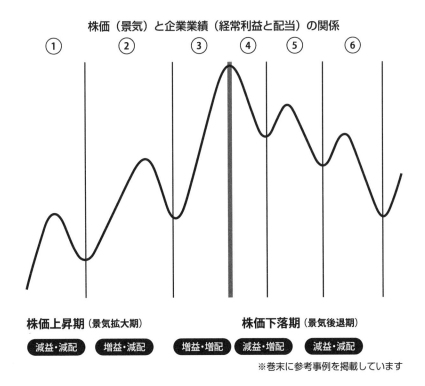

※巻末に参考事例を掲載しています

緊縮政策が間違いであったことも知られるようになりました。これにより貨幣流通量が減ることが経済的にも国民を貧困化させることが明らかになってきているからです。

2.4) 上場企業の業績と配当の推移

　大手上場企業では、個別の業績よりも世の中の景気の影響を大

きく受けることもあり、以下のような業績と配当状況になること
が多いものです。大まかに業績と配当の状況などを各期で外観す
ると以下の通りとなります。

　①景気拡大幼年期：収益縮小か赤字及び減配の実現

　②景気拡大青年期：収益拡大及び増配予想

　③景気拡大壮年期：増収及び増配

　④景気後退幼年期：減収予想及び増配

　⑤景気後退青年期：減収及び減配予想

　⑥景気後退壮年期：減収及び減配の実現

　上記の景気循環においては、①から⑥と進んでいきます。この
ような景気循環も、大きい場合と小さい場合があります。通常は、
景気の循環に約8年〜12年くらいかかります。景気拡大期が短い
場合には、6年〜8年程度となることもあり得ます。

2.5) 各局面での政府と日銀の特徴的な対処

a．景気拡大期

①景気拡大幼年期：政府は財政支出を増やし、日銀は金融緩和を
　するが、金融機関の融資は増えない。不況の株高という現象が
　起こることが多い。

②景気拡大青年期：政府は財政支出を増やして、日銀は金融緩和
　を継続。民間金融機関の融資も増えて、企業業績も改善に向か

う時期

③景気拡大壮年期：景気拡大のピークになり、あらゆる産業が活
　性化。政府は財政支出を減らし民間融資も増えるが、日銀は中
　立姿勢になる。

b．景気後退期

①景気後退幼年期：政府は財政支出を減らしはじめ、日銀は金融
　引締め方向へ。現状であれば、量的緩和の金額を減らし始める。
　金融機関のいき過ぎた融資などに対して制限を設けることも多
　い。

②景気後退青年期：政府は景気刺激策などを検討し始めるが、鈍
　い動き。日銀も再び金融緩和に動く可能性が高くなるが、実質
　的には行動しないことも多い。

③景気後退壮年期：政府は景気の悪化などから財政支出を増やし
　始める。日銀も金融緩和を開始して、景気を刺激し始める。金
　融機関は融資を伸ばすよりも、融資を引き上げるような対応を
　していることが多い。

2.6）過去の景気循環と今後の想定

　例えば、これまでみてきた時代では、以下のような景気循環と
なっていました。この間の日経平均株価は、以下のような推移を
みせています。

Ａ）1984年〜1995年

　1984年の景気幼年期から1985年後半から1987年のブラック・マンデー前までの景気拡大青年期、それ以降の1988年から1989年までの景気拡大壮年期、1990年１月からの景気後退幼年期、1993年くらいの景気後退青年期、1994年から1995年くらいまでの景気後退壮年期。

　景気拡大幼年期には、以下のような銘柄が、大きく上がったことを記憶しています。

　1984年頃のエレクトロニクス関連、例えば、ソニー、パイオニア、松下電器（現：パナソニック）、任天堂、アイワなど新しい電子機器が乱舞し始めた時期。

　1985年以降の景気拡大青年期には、銀行や証券会社などの金融機関株、内需関連の建設や不動産関連株の上昇。

　1988年以降の壮年期には、ゼネコンや不動産（例：住友不動産）や素材関連と全面的な株高の実現。

Ｂ）1996年〜2002年

　1995年後半から1996年の景気拡大幼年期、1997年４月には消費税増税が始まったことや金融機関の破綻が続いた後、1998年後半から景気拡大青年期、LTCMショック後の1999年〜2000年の景気拡大壮年期に繋がっていきます。2000年後半頃の景気後退幼年期、同時多発テロ後の景気後退青年期から、日経平均が１万円を割る金融恐慌的な2002年の景気後退の壮年期へ続きます。

　景気拡大幼年期の1997年には、ヤフージャパンが上場。

　景気拡大の壮年期には、インターネット関連株が乱舞して、日経平均も一時的に2万円回復。

C）2003年〜2012年

　小泉内閣の誕生の2003年の景気拡大幼年期から2005年には景気拡大青年期に入り、2006年1月のライブドアショック後の景気拡大壮年期へ入ります。2007年央頃に、小泉改革景気後退幼年期になりました。その後、2007年後半から景気後退の青年期、2008年年初頃の景気後退壮年期に入り、そして、2008年9月リーマンショック後の景気後退老年期に入ります。

　その後、円高が続くようになり、景気後退老年期は長引くことになります。2010年の年初には、景気拡大幼年期に入りそうになりますが、そこで東日本大震災（2011年3月）が起こって、景気後退期が継続し、2011年10月には、米ドルが75円台をつけるという超円高相場となり、そこから安倍総理の誕生する2012年末まで景気後退期が続きました。

　2003年の景気拡大幼年期に、上場基準の緩和と新興株市場の創設などあり、小型株のIPO（新規株式公開）ブームとなり、多くの新興企業が上場。

　2004年後半からの景気拡大青年期には、新興株や小型成長株が乱舞。ケネディクスなどの不動産再生や不動産流動化銘柄がブームとなっています。

　2006年以降の景気拡大壮年期には、ライブドアショックにより新興株関連の小型株相場が終焉、その後、新日鉄などの中国経済のばく進に伴う資源や大型株などが、大きく上昇しています。

D）2013年〜2020年

　2013年に入り、安倍首相がアベノミクスによるリフレーション政策をとったことや、黒田日銀総裁の誕生から2014年4月の消費税増税後の数か月までが、景気拡大幼年期入りしています。その後、黒田日銀総裁による量的緩和の拡大政策をとった2014年10月頃から景気拡大青年期へ入っています。

　2015年8月には、チャイナショックが起こって、景気拡大青年期が終焉に向かいます。その後、日銀は景気刺激のために、2016年1月には、マイナス金利導入と量的緩和の増額を実施しています。それから2016年11月のトランプ大統領誕生から景気拡大壮年期入りして、2018年1月の日経平均が2万4000円台乗せしてから景気後退幼年期に入ります。当時、景気回復を感じた黒田総裁が量的緩和を減らし始めた2017年の年央あたりから、2018年の10月にかけての景気後退青年期から、2019年年初から同年9月頃の景気後退壮年期へと続きます。

　そして2019年10月からの景気拡大幼年期が始まります。その際には、サブスクリプション銘柄という次世代を担うようなIT関連銘柄や次世代の半導体関連銘柄などが大きく動き始めた時期でした。それは、2020年3月の新型コロナウイルスによるパンデミ

ックショックによって終焉します。

E）2020年〜2030年？（現状での想定）

　その後世界各国が、パンデミックショックによる大不況となり、各国政府が増税どころか給付金を支払うような状況となり、各国の中央銀行も超々低金利が続くような莫大な量的緩和を行うようになって、景気拡大青年期へ移行中の状況です。恐らく、2022年中は、このような状況が続くかもしれません。そうなってから一時的に何らかの事象で調整が入り、景気の壮年期が2023年〜2025年近くまで続くことを想定しています。

　結局、世界的な不景気によって、日本政府や先進国政府の財政支出の拡大は、2024年頃まで続き、日銀や各国中央銀行の金融引締めに至るには相当の時間がかかることが想定されるからです。

　2024年頃から日本の景気が回復して、政府が財政支出を減らすかあるいは増税するか、ないしは景気の拡大によってインフレが生じるようになり、日銀の金融引締めが始める可能性がある2025年以降に、景気後退幼年期が始まり、その後2026年から2027年くらいに景気後退青年期と、2027年頃から景気後退壮年期を迎えることを想定しています。

2.7）景気循環動向と個人投資家の対処法

　日経平均株価の値動きは、実体経済の景気動向に対して、3か

月から場合によっては9か月程度先行することがあります。これは、景気への期待や不安などが日経平均株価に織り込まれることによって形成されます。

　このような状況下で、個人投資家として、どのような対応をすればいいかについて、大まかに述べておきます。

①景気後退老年期から景気拡大幼年期：この頃には、これから業績がよくなるか減配などが現実化する時期で、一部ブームあるいは次世代を担うような銘柄が大きな値動きをするようになります。不況の株高のような金融相場と呼ばれる状況で、「次世代の成長株的な銘柄」が大きく上がる時期となります。

②景気拡大青年期：①の期待相場が終わり、その後は幼年期に買われた銘柄の中から本当に成長しそうな銘柄が買われるような相場付きに転換していきます。景気拡大幼年期に活躍した成長株銘柄のうち、数銘柄しか大きく上がらないような状況となります。一方で景気の回復から、景気拡大幼年期とは異なる新たな銘柄や大型株やバリュー株の株価上昇が顕著になってきます。

③景気拡大壮年期：この時期になると、業績の悪い企業を除いて、全面高の展開になります。都会の繁華街なども賑わうようになります。但し、大手企業業績の天井感が強くなることが多い時期で、増配などが多くの企業で見られるようになります。また、個人企業なども儲かって、節税商品のようなものが売れるようになります。加えて、成功した個人投資家などに憧れて、多くの個人投資家が株式相場に参入するようになります。この時期

には、大きく株価が上昇した銘柄については、利食いを入れて
おくことも必要になります。

④景気後退幼年期：株価が割高な企業が多く、踊り場的な値動き
の銘柄が増える時期となります。実際には、業績の先行きに不
透明感が漂うタイミングとなります。上場銘柄の6～7割くら
いが下げ相場に転換していくのがこの時期になります。この頃
には、時価総額1兆円を超えるような大型株の空売りが儲かる
時期になります。この時期には、買いポジションをできるだけ
減らして、株価の下落傾向に対処することが必要になります。

⑤景気後退青年期：企業業績の先行き不透明感が漂うようにな
り、8～9割くらいの銘柄が下げ相場に転換するような状況に
なってきます。配当をかなり多く出す会社も増えていきますが、
業績の先行き不透明感で株価は継続して下げる方向へ動きます。
この時期には、日銀の金融緩和が開始されることも多いので、
ポジションを次世代をになう成長株銘柄で、株価の安い銘柄な
どへの投資を始めるにはいい時期となります。

⑥景気後退壮年期：これまで大きく上げていた銘柄も株価が1/3
から1/2程度まで下げていく時期であり、ほんの一部の好業績
銘柄に投資家が集中するような相場環境になります。この頃か
ら、次の景気拡大をけん引するような銘柄が散見されるように
なり、このような銘柄に投資する機関投資家や個人投資家が増
えます。これから景気拡大幼年期に活躍しそうな銘柄に投資す
る方針とすることです。

2.8）各景気状況時期での動きよい銘柄分類ないしは投資対象分類

　各時期でどのような銘柄が、株式市場で物色の対象になるかについて、私の経験則からは以下表のようになります。

		市場の傾向	成長株	バリュー株	優待株
①	景気拡大幼年期	中小型上げ	◎	△	××
②	景気拡大青年期	大型株上げ	○	○	○
③	景気拡大壮年期	全般的上げ	○	◎	◎
④	景気後退幼年期	全般的下げ	△	○	○
⑤	景気後退青年期	大型株下げ	×	×	△
⑥	景気後退壮年期	中小型株下げ	××	××	×

成長株：新興株や業界が好調で売上や利益が大きく増える銘柄
バリュー株：安定した業績の企業で、割安と判断される低PBR銘柄
優待株：配当金に加えて優待券がついた銘柄。内需関連株中心
中小型株 ＜ 2000億円（時価総額）≦ 大型株
※株価上昇の期待値は、◎→○→△→×→××の順になります。

2.9）次世代銘柄の出現

　景気後退壮年期や景気拡大幼年期に、次世代銘柄が多数出現することも知っておくことが重要になります。これらの企業は、新規公開銘柄であったり、既存上場企業の新しい事業分野であったりするからです。

　通常、景気低迷期には、次世代企業や新しい産業が生まれてきます。このような企業が新たな景気拡大期に景気をけん引していきます。但し、このような企業は、成長期でかなり激しい競争状

態を生き残る必要があり、100社程度勃興したとしても、生き残りができるのは、ほんの数社であることも意識しておくことです。激しい競争を生き残っていくような数社の企業は、景気拡大期には、大きく株価が上がるような銘柄も多くでてきます。いくつかの次世代産業の勃興と変遷の事例として挙げておくと、以下のようになります。

①電子機器：ウォークマンなどのオーディオ製品、テレビなどのAV機器、携帯電話、スマホ（超小型コンピューター）

②電子部品：トランジスタ、IC（集積回路）、半導体（セミコンダクター）

③カテゴリーキラー：大手百貨店に対するカテゴリーキラーとしても専門店、例えば、紳士服の専門店（青山やアオキ）が現れて、百貨店でのスーツの販売などを奪っていきました。またこれらのカテゴリーキラーもネット販売にその座を奪われようとしています。ユニクロ、靴のABCマート

④インターネットやインターネット商品販売：2000年当時インターネット業者は100社以上もあったのが、現状は数社のみに限定されています。また、インターネットでの商品販売は、ヤフオクや楽天の寡占時代となりましたが、現状では、そのカテゴリーキラーとしてのZOZOなどが現れてきています。

⑤ゲーム業界：1980年代にゲームセンターの隆盛から始まり、家庭で楽しむゲーム機としてのビデオゲーム（任天堂のファミコン）が始まり、2007年頃からのガラゲーのゲーム機（グリーや

DeNA）が活発になり、2012年頃からのスマホゲーム（コロプラとかモンストなど）へと発展しています。

⑥自動車：当初は、エンジン車とEVと両方が開発されていた。しかしながら、20世紀においては、EVは電池技術に乏しく、エンジン車が主流となった。その後、燃費を求めて、TOYOTAがハイブリッド車を開発。現状は、ハイブリッド車やPHEV（バッテリーの充電器としてのエンジンを搭載したEV車）が主流となってきています。2010年頃には、世界の自動車需要が新興国中心に倍増（年間販売約2000万台が約4000万台へ）するとして、自動車関連銘柄が大きく株価上昇した時期もありました。

　現状は、環境問題や自動運転から、20年後〜30年後には、世界の主要国が、EV車（電気自動車）への転換を図ろうとしています。長距離を走れるバッテリーの開発と充電スタンドや自動運転技術などがカギを握っています。

⑦新インターネット＆モバイル技術：1995年頃から急速に普及し始めたインターネット＆モバイル技術。携帯電話という第一世代から、現在は第五世代が進行中。第3世代くらいまでは、日本のインターネットとモバイル技術が使われていたが、現状、中国や韓国勢に勢いを奪われています。今後も、モバイルやネットの技術はどんどん進み、第5第6世代と呼ばれる最新技術の競争が激しくなっていくことが想定されます。

⑧サブスク関連：モノやサービスを保有するから、一部所有ないしは一時的に所有してその恩恵（サービス）を受ける。いわゆる

SasS銘柄、クラウド関連銘柄など。

2.10) インデックス投資か個別銘柄投資か？

　このような技術革新による世の中の変化とそれに伴って成長する企業へ投資をしていくことが個人投資家として成功するための要点となります。もし、そのような個別の銘柄選択による投資ができないということであれば、株価指数に連動する投信などに投資するというのがもっとも簡単な方法となるかもしれません。

　税制面で優遇されたNISA（小額投資非課税制度）やiDeCo（個人型確定拠出年金）などの手法を利用して、日経平均連動投信に毎月一定額投資する。また、投資資金の半分程度をインデックス投資して、残りの資金で個別銘柄投資をする方法も考えられます。もちろん、投資家の年齢や資金状況よって、大きく異なると思われますが、自分なりの投資スタンスで資産を増やしていくことが必要です。

　数年前に、株式運用の先進国米国では、個人投資家の8割程度がインデックス投資を中心に投資をしているという話を聞いたことがあります。1999年のITバブルの頃に、取引手数料が安くなり個別銘柄投資をしていた米国個人投資家も、個別銘柄投資はうまくいかなかったのです。個別銘柄投資はリターンも大きいが、リスクも大きいということを感じているからだろうと思われます。それよりも手間もかからないし、インデックス投信を毎月積み立

て投資をしていくだけで儲かるというインデックス投資法のほう
がよいという流れに大きく変化したからだと思われます。

　日本でも、今後このような流れに変化していくものと思われま
す。日経平均が5万円になっても儲からないような個別銘柄への
投資よりも、インデックス投資のほうが、効率のよい投資である
ことが証明される時代が到来するからです。

　日本の経済自体が、緩やかなインフレ政策によってパラダイム
シフト（大転換）を起こすことが想定されるからです。経済停滞
していた日本に大きな変化が現れるのが、2021年以降になります。
米中貿易戦争の漁夫の利を得るのは、まさに日本経済となるので
はないでしょうか？

第3章　ニュージーランドと日本の比較

　この章では、現在私が生活しているニュージーランドの経済について解説します。いわゆる「緩やかなインフレ政策」を1990年頃から始めた国であり、日本が今後このような政策を採っていくことによって、どのような変化が起こるかについてもわかりやすくなると思います。

3.1）ニュージーランドの経済状況

　私とニュージーランドのつながりは、1998年にニュージーランドへ新婚旅行に行ったことでした。それからは、何度となく、こ

の地を訪れることになりました。ヨットレースの最高峰「アメリカズカップ」を見に行ったこともありますし、2011年にはラグビーのワールドカップも見に行きました。そして、2013年10月からこちらに移り住んでいます。こちらに住んですでに7年以上が経過したことになります。

　こちらにおける経験としては、やはりインフレというか、この国の物価の上昇度合いが激しいということです。2003年に当地にきて、世界的なヨットレースアメリカズカップ2003をみている際に、PUMPというニュージーランドのコカ・コーラ社が販売しているミネラルウォーターを2ドルで買った記憶があるのですが、これは、現在4.5〜5ドルくらいになっています。また、時間あたりの最低賃金も、2006年の約7ドル、2010年には、約13ドル、現在では、約20ドルまで上昇しています。当地ではフラットホワイトと呼ばれるコーヒー1杯は、2010年頃には、2.5ドル〜3.5ドル程度でしたが、現在は、4.5ドル〜5.5ドル程度に値上がりしています。

　このように、ニュージーランドでは、主に次のような緩やかなインフレが発生するような政策をとっています。①できるだけ増税はせずに、インフラ整備や福祉のための財政支出を増やす。②海外からの労働力輸入によって青年（20歳〜40歳くらい）労働人口を少しずつ増やす。通常は海外移民の受入れ、総人口の0.5％〜1％程度の人口増加を図る。③最低賃金を毎年上げていく。④ニュージーランド中央銀行は、実質金利（金利-インフレ率）を

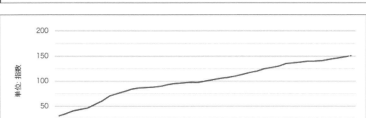

ニュージーランドの消費者物価指数の推移

「世界のネタ帳」より

限りなく0％かマイナスにする。1990年頃からニュージーランド
は、このような緩やかなインフレ政策を採用しています。

　ニュージーランドの物価の推移をみてみると、上図のようにな
ります。

　上記のような年率では、2％から3％程度のインフレでも、5
年以上の長期でみると物価は大きく上がっていることが実感でき
ます。2000年と比較すると、2020年には約50％も物価が上昇して
います。1980年に比較すると、現在の物価は、約5倍にもなって
いるのです。（1980年：30.47→2019年：148.11）

　この間に、ニュージーランドにおいて、現物資産と言われてい
る不動産取引価格は、以下のように大きく上昇しています。

　1992年と比較すると、不動産価格は、すでに6倍近くにもなっ
ているのです。1992年から物価の上昇は、1992年87.07から2019年

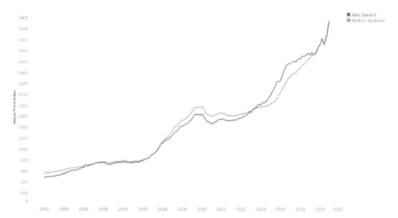

ニュージーランドの不動産平均取引価格の推移↑1992年〜2020年（「NZ不動産協会」
HPより）

148.11であり、約1.7倍になっていますが、不動産価格は、約６倍
と物価の上昇を大きく上回る勢いで不動産価格が上昇しています。
　ニュージーランド株価はどうなっているかをみると、次の図の
ようになっています。NZX50というニュージーランドを代表する
50の企業の株価指数です。この指数は、2003年３月に約2000ポイ
ントであったものが、現在は13,000ポイントを超えており、2003
年比で、６倍以上になっています。私がニュージーランドに移住
した2013年と比較しても約３倍になっています。これはインフレ
政策のなせる業であり、商品の値段を上げてもお客様はついてい
くしかないという状況を示しているかもしれません。なので、企
業の売上も自然と増えて、利益も増えることを示唆しています。

「グーグルファイナンス」より

3.2)　日本の状況

　日本は、ニュージーランドの国土の約1.5倍程度の面積を有し、日本の人口は、ニュージーランドの約25倍程度です。インフレを比較するために日本の消費者物価指数の推移をみると以下の通りとなります。

　これをみると、日本は、1980年〜1991年くらいまでは、インフレが続いていました。その後、2020年まではほとんど横ばい状態が続いています。1980年と比較しても25％程度しかインフレが起

日本の消費者物価指数の推移

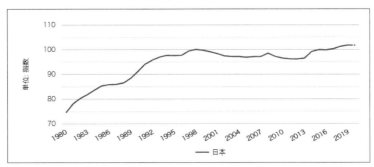

‣ 日本と比較　‣ 5年先の見通し　‣ 画像出力

年	1980	1981	1982	1983	1984	1985	1986	1987	1988	1989
●	74.47	78.13	80.27	81.80	83.65	85.35	85.86	85.97	86.55	88.52
年	1990	1991	1992	1993	1994	1995	1996	1997	1998	1999
●	91.25	94.21	95.87	97.06	97.73	97.61	97.74	99.44	100.11	99.77
年	2000	2001	2002	2003	2004	2005	2006	2007	2008	2009
●	99.09	98.36	97.45	97.20	97.19	96.91	97.16	97.22	98.57	97.23
年	2010	2011	2012	2013	2014	2015	2016	2017	2018	2019
●	96.53	96.27	96.22	96.55	99.21	100.00	99.88	100.35	101.33	101.82
年	2020									
●	101.75									

単位: 指数

※ 数値 はIMFによる2020年10月時点の推計

※基準年＝100、年平均値

「世界のネタ帳」より

こっていません。2013年からアベノミクスによってインフレが起こりかけていましたが、2度にわたる消費税増税が影響したのか、インフレが収束しているような数値となっています。

　1980年から2020年までに、日経平均は、6000円から24000円になっているので、約4倍にはなっています。但し、2013年以降のアベノミクス開始以降、日経平均は大きく上昇してきていること

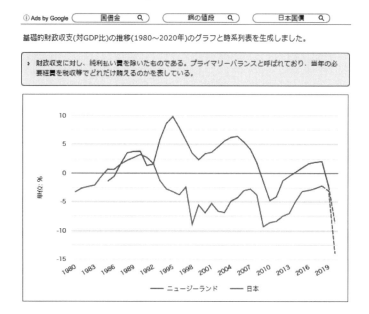

基礎的財政収支(対GDP比)の推移(1980〜2020年)
(ニュージーランド, 日本)

です。1991年から約20年間は、8000円〜2万円程度のレンジ相場にありました。ニュージーランドの指数に比較すると安定的に上昇していないことです。また、2003年から比較すれば、約3倍なので、ニュージーランドの約6倍にはかないませんが、比較対象にはなりそうです。

　最低賃金も比較すると、東京都の最低時給は、1980年405円、2006年719円　2010年で821円、2020年で1013円、15年前に比較して30%程度、10年前と比較しても20%程度の上昇にとどまってい

ます。加えて小泉改革以降、介護保険料の創設もあり社会保険料は、毎年のように上がって、国民の大きな負担となっています。

　サラリーマン給料の手取り額を考えると、15年前と比較すると、所得額によって異なりますが、手取り収入額が、8％〜20％くらい減少しています。これに加えて、消費税が5％から10％になっているので、その負担も大きく国内消費がどんどん減少していくのもよくわかります。

　日経平均は、2000年以降、2013年にアベノミクス相場が始まるまで、2万円を回復することはありませんでした。それどころか、財政再建が優先されたことや、日銀が2007年に引締めに転じたことなどから、世界的な金融の引き締め効果からリーマンショックを起こした可能性もありそうです。

　日本では、日本政府の財政赤字と巨額な債務残高が、ハイパーインフレが起こるという説が声高らかに論じられていましたが、ニュージーランドとの比較をみると面白いことに気づくかもしれません。

　図の日本とニュージーランドの比較をみると、ニュージーランドは、財政収支も黒字ないしはトントンの状態が続いています。経済成長がそれらを支えているとも言えそうですが、インフレ政策がうまくいっているという点は見逃せません。同国の民間債務は大きく増える一方で政府債務は減少しています。日本では、財政収支の均衡を図ろうとしていますが、そのために経済が悪くなり民間債務が減り、税収減から財政赤字が膨らみ、それに伴って

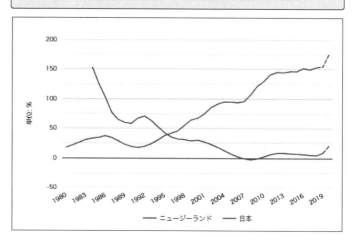

政府純債務残高(対GDP比)の推移(1980～2020年)
(ニュージーランド, 日本)

政府債務がどんどん増えているような感じです。

　2020年現在は、新型コロナウイルスによる恐慌によって、日本もニュージーランドも大きく財政収支が悪化しており、それにともなって政府債務も増えています。両国ともインフレではなくデフレ的な経済状況に陥っています。現在、両国では大規模な経済政策を行っています。

　しかしながら、よく言われる財政赤字と債務増加がハイパーインフレを引き起こすという論理が正しいのかどうかかなり疑わし

く、逆にインフレ政策をとっていない日本だけがデフレに陥っているという議論もできそうです。

3.3) マクドナルドのビッグマック指数

　次に、日本とニュージーランドのビッグマック価格の比較をみるとわかりやすいかもしれません。インフレ政策を導入しているニュージーランドとデフレが30年近く続いた日本のビッグマック指数は、大きく異なっています。

　ニュージーランドでビッグマックは466円ですが、日本では390円で、価格の高い国ランキングで25位となっています。通常であれば、デフレの国の通貨は強くなり、インフレの国の通貨は弱くなります。しかしながら、アベノミクスを開始してから日本円については、かなり円安となってきていることも影響しているかもしれません。

　過去20年をみると、世界でデフレとなった国は、日本以外にはありません。結果的に、日本の物価は相対的にかなり割安な状況となっています。ビッグマック価格をみても、先進国の中では、ダントツの最下位となっています。先進国の仲間入りしようとしている韓国よりも、ビッグマック価格は安くなっています。

　このような背景をみても、今後日本でも本当の意味でのインフレ政策が始まるとすれば、大きく変わる可能性があるということです。財政赤字そのものが悪いものではなく、そのために必要な

のは、財政支出の削減や増税を行っている政府の施策が、デフレを招いていることに気づくことかもしれません。

　実際に、西田昌司参議院議員は、国会で黒田日銀総裁や財務大臣などに、このような財政緊縮政策は得策ではないということを何度か発言しています。また、今回の新型コロナウイルスによるパンデミックショックに対して、消費税減税や財政支出の大幅拡大を主張しています。

　1997年以来、結果的に日本経済をどん底に落としめてきた「財政均衡論」に対するパラダイムシフトが起こり始めているということです。インフレ経済化においては、レバレッジ（ローンを受ける）をかけて投資をすることが標準的になります。実質金利(実効金利—インフレ率) の負担が軽くなることから結果的にそのようになるのかもしれません。例えば、ニュージーランドで資産形成のツールになっている不動産投資をみれば、一目瞭然です。

　ニュージーランドでは、銀行などからお金を借りて不動産投資をすると、以下のように、5年で投資元本が5倍になります。このような内容が理解できない日本の投資家が多くいます。彼らは、デフレ経済に慣れてしまっているからです。

　50万ドルで購入した不動産が、例えば5年後に2倍の100万ドルになると、当初の投資元本が5倍になるという話です。

　　取得時：50万ドル（うち10万ドル自己資金、40万ドル借入金）

　　売却時：100万ドル−50万ドル≒50万ドル（キャピタルゲイン）

　　　　　　　50万ドル／10万ドル＝500％

ということになり、投資元本10万ドルは、約５年で40万ドルも増えたことになります。もちろん、頭金20％では賃貸をしている期間において、マイナス収支となるので追加資金を投入することになり、実際には合計約15万ドルの投資が50万ドルくらいになったという理解をするといいかと思われます。

　ニュージーランドに移住している日本人は、日本でバブル崩壊を経験している方が多く、ニュージーランドでも不動産バブルはいつか崩壊すると信じこんで不動産を買わずに、ずっと賃貸で済ましていたことを後悔している方が多くいます。最近、賃料が高すぎて払えなくなり、ニュージーランドに20年以上も住んでいたのに、やむを得ず日本へ帰国される方も多数いるようです。

　このように、緩やかなインフレ下の国においては不動産や株式などの現物資産と呼ばれる株式や不動産などの資産に投資をしておかないと豊かな生活を送れなくなるのは間違いなさそうです。

　私も、2009年にはニュージーランドの不動産投資を開始してから、１年程度でこのことに気づきました。結局、2009年に投資をしたオークランド市の不動産については、2017年に処分をしています。結果的には、当初の投資資金は約４倍にも増えていました。加えて、円ローンを借りていたおかげで投資していた期間の収支もプラスで推移していたので、約８年の投資で年率20％以上の投資利回りを確保できました。

　不動産の価格上昇については、２つの面があります。１つは、①インフレ（貨幣価値の低下）による価格上昇と、②不動産の

ロケーション（場所）の「地益」（すなわち土地の利便性）が増すことによって発生する不動産そのものの価値の上昇です。特に、②については、人口が増加している地域において顕著になるのが通常です。

　ニュージーランドの不動産の値上がりが激しいこともあり、2018年10月から原則、外国人投資家（非居住者）による居住用不動産の取得が禁止されました。そのため少し、オークランド市の不動産市況には変化がでてきていました。その後、2019年4月には、居住用住宅についても、キャピタルゲイン税の導入がなされたこともあり、2020年3月頃までは、オークランド市の不動産価格も高止まりしていたのです。

　しかし、コロナパンデミックショックによる大恐慌の発生によって、2020年3月からニュージーランドの中央銀行もゼロ金利政策を取るようになりました。このような状況で、2015年に6.5％くらいの金利であった住宅ローン金利は、2.55％という史上最低金利となって、空前の住宅取得ブームが起こりました。

　米国でも、超低金利による2006年以来の住宅取得ブームとなっています。新築住宅着工が、前年比20％近くも増えていることには驚きを隠せません。一方で、既存の住宅ローンのデフォルト率が8％を超えるような状態にもかかわらずです。世界中で、とくに住宅が不足している地域では、新築住宅ブームになっているようです。

　オークランド市でも、ロックダウン明けから急速に新築住宅現

場が増えています。低金利による住宅取得ブームは、あと5年間くらいは続くのではないかと想定しています。今回のパンデミックショックによる大恐慌があと2～3年は続き、実際にロックダウン前の経済状況に戻るには、5年程度かかることを想定しているからです。

　今回のパンデミックショックによって、失業して収入がなくなり、住宅ローンで破産するような人々が増加するようなイメージもあるかもしれませんが、住宅ローンの返済のために住宅を持っている人々は、買った価格よりも高く売れるために、一時的に住宅を売ってでも生活をしています。3年以上前に住宅を買った人々は、自宅を売却したローンとの差額が、20万ドル以上にもなっているために、失業しても生活にも困っていないようです。

　日本では、長い間デフレ経済となったために、国民に「借金は悪」という考え方が根付いています。ところが、ニュージーランドでは、借金は利殖のための道具であり、「借金は善」という考え方が根付いています。但し、借金を返済するための能力が重要視されます。少しくらい収支がマイナスになっても、本業からの収入によってカバーできれば、お金が借りられるという理論になります。

3.4）日本における緩やかなインフレ政策

　日本においてアベノミクス開始当初から実質金利をマイナスに

する政策が実行されていました。しかしながら、政府が増税をして税制支出を減らす政策をとったために、デフレが継続しました。今回のパンデミックショックで、政府が大幅に財政支出を増やしたことや海外からの青年移民労働者を大幅に増やす政策も、2018年から実施されています。また、最低賃金も2018年から2023年まで毎年上げていくことが政府によって法制化され実施されています。しばらくは増税しない方向で、それどころか消費税減税が検討されていることも緩やかなインフレを起こすためには好材料となっています。

　日本でも、1980年代のインフレ時代には、「借金は善」的な考え方がありました。しかしながら、その後の長いデフレ経済下で、「借金は悪」という考え方に変わってしまいました。緩やかなインフレが続けば日本でも今後数年間でこのような「借金は善」という考え方に変化していく可能性がありそうです。

　パンデミックショックによって、日本政府や日銀の政策も緩やかなインフレ政策へ転換していくことを想定すれば、過去30年以上ニュージーランドに起こっていたことが、日本でも起こることになります。こうなると、日本も不動産や株価が大きく上昇していくというシナリオを理解できるようになります。

第４章　日経平均５万円への道

　ここまでいろいろ書いてきましたが、日経平均と日銀と政府の
財政支出の相関関係は、以下のようにまとめられます。簡単に言
えば、①政府が財政支出を増やし日銀が量的緩和を含めて金融緩
和方向に動くと株高が演出され、②逆に政府が財政支出を減らし
日銀が金融引き締め方向に動くと株安となりやすい、という相関
関係がありそうです。

　利下げの限界であるゼロ金利政策が導入されてから2001年には、
「量的緩和」という新しい金融緩和手法が導入されて、現状はそ
の額が、700兆円を超える状況となっています。

4.1）アベノミクス以降の日銀の金融政策と日経平均

　アベノミクス開始以降、日銀の量的緩和が増える度に、日経平均は大きく上昇しています。但し、消費税増税が行われて、実質的な財政支出が減っているような状態になると株価は調整に入ります。

　日本政府の財政収支は、以下の通りバブル期の一時期を除いて、税収が減った1993年頃からずっと赤字が続いています。現在も新型コロナウイルスによる経済対策がなされており、大きな財政赤字となることが想定されています。

　米国FRBや日銀も、大きく膨らんだ量的緩和政策に関する出口戦略を練っているという話もありますが、現在のような状態から出口を探す戦略は簡単ではありません。やはり、緩やかなインフレ政策を続けて、政府と中央銀行の財政負担を漸減していくしか方法はなさそうです。

　現在も日銀は、年間12兆円、これまでの累計で約30兆円もの上場株式指数ETFを買い続けています。加えて、日本国債も毎年100兆円程度まで買い続けるという態度を明確にしています。この金額を減らすということによる悪影響はかなり大きいのかもしれません。株式ETFの買いを減らせば、日経平均が2万7000円を超えている状況で、この買い金額を上回る投資家の投資資金が必要になります。

　日銀も最近になって、自らの役割はインフレとデフレを調整し

日経平均年足チャート（1980年〜2020年）

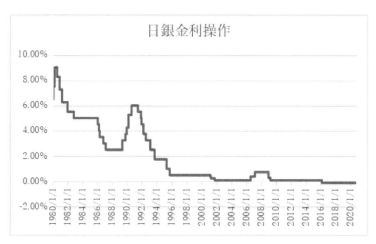

日銀による金利操作（1980年〜2020年）

て、雇用の最大化に努めることが重要という政策方針に転換して
きています。1980年代には、とにかく世の中の敵と考えられたイ
ンフレを抑制することに集中していた状況でした。これには、株
価や不動産価格が上昇する「資産インフレ」が含まれていたよう
です。ところが、資産バブルを崩壊させると日本経済まで崩壊す
るようになり、日銀の政策も変化を余儀なくされています。

　現在では、日銀も、世の中に緩やかなインフレを起こして、経
済を成長させていくことが雇用の最大化に貢献することを理解し
てきており、今回のパンデミックショックでも政府の発効する国
債や日本株ETFなどを買い続けています。

　一方で、日本政府もこれまでの財政支出増大による債務増加か
ら財政破綻するという理論からの転換が図られるようになった印
象です。1994年に武村正義財務大臣が行った「財政破綻宣言」の
呪縛による緊縮財政からようやく解き放たれようとしています。

　パンデミックショックで国の財政赤字と債務が大きく増えて、
財政破綻かハイパーインフレが起こるという伝説を打ち破るよう
な状況が発生しても、一向にそのようにならないからです。実際、
財政支出は将来のインフレの芽にはなりますが、極端なインフレ
になることを避ければいいのであり、政府と日銀がタッグを組ん
で対処すればそのような事態は起こらないという想定に変化して
きているということです。

　米国経済は、トランプ大統領の減税政策で大きく復活した半面、
日本経済は財務省主導の消費税増税という悪手によって、2018年

日本の財政収支の推移

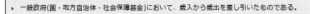

> 一般政府(国・地方自治体・社会保障基金)において、歳入から歳出を差し引いたものである。

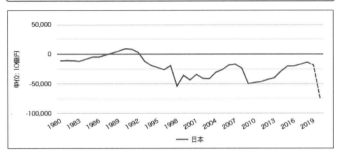

> 日本と比較　> 5年先の見通し　> 画像出力

年	1980	1981	1982	1983	1984	1985	1986	1987	1988	1989
●	-11,305.30	-10,579.00	-11,003.80	-11,913.40	-8,389.30	-4,667.10	-4,865.80	-1,341.30	1,981.40	5,281.7
年	1990	1991	1992	1993	1994	1995	1996	1997	1998	1999
●	9,035.60	8,230.30	2,895.60	-12,062.10	-19,115.30	-22,512.90	-26,212.50	-19,208.60	-53,973.50	-35,716.5
年	2000	2001	2002	2003	2004	2005	2006	2007	2008	2009
●	-13,464.90	-34,195.70	-10,834.50	-41,471.60	-30,640.00	-26,014.20	-18,400.20	-17,069.30	-23,593.20	-49,892.2
年	2010	2011	2012	2013	2014	2015	2016	2017	2018	2019
●	-47,705.90	-46,395.70	-42,631.60	-39,803.80	-28,960.80	-20,229.10	-19,796.80	-17,012.60	-13,650.90	-18,280.4
年	2020									
●	-74,483.71									

単位: 10億円
※ 薄緑 はIMFによる2020年10月時点の推計
※GFS(政府財政統計マニュアル)に基づいたデータ

「世界のネタ帳」より

に景気のピークを打ってしまいました。また、私は世界一の債権国の緊縮財政策である、消費税増税が世界経済にも影響して、今回のパンデミックショックを拡大させた可能性もあると考えています。

　以上のような状況をまとめてみると、政府の財政支出と日銀の金融調整と株価の関係は概ね次の表のようになると想定されます。

	政府の 財政支出	日銀の金融調整	経済にゆ きわたる お金の量	株価	株式投資 チャンス の度合い
A	増額	金融緩和	増える	上昇↑↑	◎
B	増額	金融引締め	？？？	？？？	△
C	増額	中立	増える	上昇↑	○
D	横ばい	金融緩和	増える	上昇↑	○
E	横ばい	金融引締め	減る	下落↓	×
F	減額	金融緩和	？？？	？？？	△
G	減額	金融引締め	減る	下落↓↓	××
H	減額	中立	減る	下落↓	×

チャンスの度合い　　◎→○→△→×→××の順

　結局、1985年から1989年のバブル期、1999年頃のITバブル期、2003年から2004年の金融機関への公的資金導入期や、現在のように、政府が積極的に財政支出をして日銀が金融緩和に動いている時期が、もっとも株価を押し上げる効果があるということになります。逆に、政府が財政支出を減らして日銀が金融引締めをすると、株価は大きく下がる方向へ動くことになります。例えば、バブル経済崩壊期の1990〜1992年、ITバブル崩壊期2000〜2001年、2007〜2008年の金融引締めからリーマンショック期、日銀が量的緩和を減らした2018〜2019年期のような状況です。

4.2) 2030年へ向けての示唆とその道程

　2020年の現状は、新型コロナウイルスによるパンデミックショックが世界中を覆っており、先進国や発展途上国も巨大な

財政支出と金融緩和を続けています。パンデミックショック
の経済への悪影響は、2023年くらいまで続く可能性があります
が、やがては経済も正常化して通常の状態に戻ることが想定され
ます。しかしながら、現状のような経済状態を修正していくには、
10年単位の視点が必要になると思われます。

　私の想定では、数年後には米国FRB、ECBや日銀が、巨大な量
的緩和を少しずつでも減らそうとしていくと思われますが、10年
以上の期間をかけて、量的緩和の手仕舞いをしていくしか方法が
ないと考えています。量的緩和の手仕舞いの方法としては、買っ
た債券（国債を含む）の約定償還を待って換金していくという方
法になると思われます。それでも償還されて現金化する量を大き
く減らさないように、新規国債も発行しながら少しずつ残高を減
らしていく方法しか出口がないかもしれません。そうなると量的
緩和を終了させるには、20年程度、場合によっては30年以上の時
間がかかるかもしれません。保有している株式ETFは20年以上
の超長期で保有を続けるかGPIFに移譲するなどの方法が想定さ
れます。

　日本政府も日銀も、超長期の視点から今後のデフレとインフレ
に対峙していくという方法になるという結論です。そうなると
2013年から始まった量的緩和の手仕舞いは、20年〜30年くらいか
かってもおかしくありません。今回のパンデミックショックで、
政府も国民も、政府が巨大な財政赤字を出しても、インフレどこ
ろかデフレ状態が続いていることをみれば、巨額の財政赤字は怖

1980年〜2025年の日経平均年足チャート（囲みの部分は想定）

くないものであり、これからこの状態をコントロールして緩やか
なインフレ経済にするとよいという結論に導かれていくだろうと
思われます。

　但し、2023年頃から、毎年約２％のインフレが起こるとすれば、
10年経つとインフレ率の複利効果もあり、物価は30％程度上昇し
ている可能性が高いと思われます。2030年には、今よりも物価は
30％程度上昇するということです。例えば、コンビニで700円程
度するお弁当は、2023年には1000円くらいになるということです。
現在は、そのような将来の緩やかなインフレを織り込みながら、
現物資産である株式と不動産価格が上昇していると考えられます。

　今後５年程度毎年２％のインフレが続いたとすると、2025年ま

でに、物価は複利効果もあり約12%程度上昇することが想定され
ます。また、今回のパンデミックショックによって、わが国の財
政政策や中央銀行の考え方にパラダイムシフトが起きており、今
後も何度か日経平均の暴落局面が想定されます。しかしながら、
政府や中央銀行の上層部は、もう緊縮財政や金融引締めには戻る
ことのできない状況となっていることを認識して、緩やかなイン
フレ政策を継続することになるでしょう。

　このようにして日経平均が5万円の時代がやってくると、私は
想定しています。

第2部

日経平均から見る
今後の投資

　第2部では、これまで私が経験してきた景気変動の歴史と日本政府や日銀の対処などについて書いていきます。第1部で記載したことが実際にどのような事象として、株式市場や不動産市場に表れてきたかについての証明となるものです。

　景気の立ち上がりからその景気の消滅まで、以下のような時代に分けて書いていきます。

・1980年〜1989年　インフレ経済から金余りバブル経済へ
・1990年〜1999年　バブル崩壊からデフレ継続による金融恐慌、ITバブルへの道
・2000年〜2009年　ITバブルの崩壊から小泉改革相場、そしてリーマンショックへ
・2010年〜2019年　大恐慌と大震災からアベノミクス経済へ
・2020年以降　　　歴史からの示唆と想定。今後はパンデミック対応から「緩やかなインフレ経済へ」

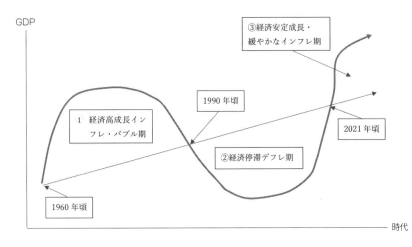

この図は、第1章で書いたレイ・ダリオ氏の経済成長を想定した日本の経済の状況を示唆したイメージ図です。1960年頃から始まった高度成長経済からインフレバブル経済を経て、1990年のバブル崩壊まで約30年間の日本経済が成長した①経済高成長インフレ時代。1990年のバブル崩壊から約30年におよぶ②経済停滞のデフレ時代を示しています。但し、2013年からのアベノミクスによるリフレ政策で、日本経済が再び経済成長に戻る時期を含みます。

　2020年のパンデミックショック以降となる2021年頃からの日本経済は安定成長していく③経済安定成長の緩やかなインフレ時代」に入ることを想定しています。

　このような想定から第1部に記載したおおまかな景気の流れや政府と日銀の政策変化と各時期における投資家としての対処法などがご理解頂けると確信しています。

第5章　1980年〜1990年 インフレから金余りバブル経済の時代

　1980年代前半の第2次オイルショックにおいて、日経平均は、6000円台と当時においては高値でしたが日本経済はスタグフレーション（高インフレ下の経済低迷）で低迷していました。日銀は、1980年後半からインフレ対策から景気対策への利下げへと転換しています。日銀の金融緩和などから、日経平均は1984年には初めて1万円台乗せを実現します。1985年9月プラザ合意以降の円高誘導などもあり、外需主導の経済が滞るようになったことから、政府は財政支出を拡大し日銀は大きく利下げ方向へ舵を取るようになります。以降は、国内に金余りが生じて日本は「バブル経済」へ突入し、それは1990年年初まで続いていくことになります。

日経平均の年足（1980年〜1989年年末）

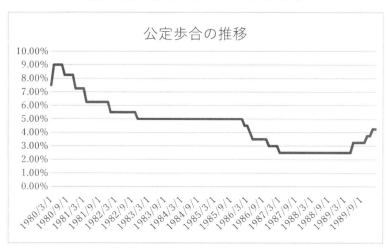

1980年〜1990年までの「公定歩合」の推移

5.1）1980年〜1984年 スタグフレーションからの景気の回復

　第2次オイルショックの発生した1979年から1984年頃までは、世界的に高金利政策がとられていました。世界中でインフレと不景気が蔓延するスタグフレーション状態にありました。特に、米国では石油ショックによるインフレが激しくなり、短期金利が15％にもなるという超インフレ抑制策を取りました。日本の市場金利も、10％近くまで上昇していました。日本は、外貨借り入れを1980年には返済し終えていましたが、米国の高金利政策が、メキシコなどの発展途上国債務に大きな影響を与えるようになりました。米国の銀行などは、一部の債務カットや債務返済スケジュールの変更などによって、対処をしていました。

　米国の高金利政策は、為替レートにも大きな影響を与えていました。丁度レーガノミクス（レーガン大統領による経済政策）が始まった時代であり、強いアメリカを主張していたレーガン大統領のもと、対ソ連戦略の一環としてのスターウォーズ計画なども発表された時代でした。

　米ドルの対円レートは、170円くらいから最大で270円程度まで上昇していました。1980年以降、日銀は利下げに踏み切り米ドルが買われる相場となり、円安によって日本の自動車関連やエレクトロニクス関連の輸出企業は大きく潤うようになりました。

　そうしているうちに、米国の自動車企業の衰退などが見られるようになり、日米の貿易摩擦が激化するような状態に変化してい

くことになりました。

　日本でもオイルショック対策として、政府も省エネ商品を日本のメーカーなどへ作らせるような状況となっていました。この頃から、日本は省エネ技術に磨きをかけてきた時代でした。

　1984年頃は、米ドルは、200円～250円くらいの時代でした。それまでの１ドル300円～360円の時代に比べるとかなり円高とはいえ、日本の輸出関連企業は、まだかなり潤う水準でした。日本の自動車やエレクトロニクス関連商品が、ハンマーで叩き潰される状況の写真が、米国の雑誌などを飾るような時代になっていきました。

　日本は、1980年から貿易収支が黒字化して安定した「経常黒字国」に転換していきます。この頃には、米ドルが大量に流入して日本の外貨準備高も大きく増えていきました。一方で米国に対する貿易黒字が巨額になったことなどから、貿易摩擦（今で表現すれば、貿易戦争のような状態）が激しくなってきた時代でした。

　経常収支の黒字化によって、日本国内にはお金が余るようになり金利も下がるようになってきていました。また、省エネ効果などによって、原油価格に大きく経済が影響されるような状態から少しずつ転換がなされていくようになりました。

　日銀は、1980年には公定歩合を９％にまで引き上げていましたが、同年後半から1984年には５％まで下げていました。結果として、日経平均は1980年の6000円台から初めての１万円超えをしています。

　これは米国がレーガノミクスによって、米国の内需刺激策を行っていたことなどから米国の個人消費の増加などに支えられる状態になって、日本から「自動車」や「エレクトロニクス」関連商品の輸出が増えて、日本の景気が回復してきたこともあるようです。こうして1984年に日経平均は初めて1万円を超えるようになりました。

　この頃に世界中でヒットした商品はソニーのウォークマンという持ち運び可能なステレオ機器（オーディオ機器）でした。また、米国では、低燃費のHONDAなどの日本車などがよく売れた時代でした。

　政府：財政支出増額。

　日銀：利下げに動く。公定歩合9.0％から5.0％まで利下げ。

　日経平均：約6000円から1万円台まで上昇。

5.2) 1985年〜1989年 プラザ合意から円高、ブラックマンデーへ

　貿易摩擦の激化から、日本は1985年9月に運命の日を迎えます。これまでは主に金利差を中心に動いていた米ドル為替相場を政治が大調整するという方法がとられました。ニューヨークのプラザホテルで開催されたG7（先進国蔵相会議）で、円は安すぎるので、各国政府が協調して「円高へ誘導」する方向性になったのです。

　それから米ドルは、200円台から一気に、150円レベルまで円高

が進みました。日本は輸出主導型国家となっており、突然のことで対処のできない企業が続出して、「円高不況」と呼ばれる状況に陥りました。その後あまりにも円高が進み、一時期120円台まで円高になったことから、日銀は景気の下支えをするために、利下げモード（金融緩和）に入ります。これまでのインフレファイターであった日銀は、円高不況を食い止めるために、1986年１月から金融緩和（利下げ）モードへと大きく舵をきったのです。

　日本政府が、米国の圧力から産業構造を外需（輸出）主導から内需主導へ変革させるような変化を見せ始めたのもこの頃で、内需拡大のために積極的に財政支出をしてインフラ関連投資を大幅に増やすようになりました。この頃から大成建設などの大手のゼネコンなどの株価が大きく動くようになりました。加えて、土地を保有している不動産会社や企業などの株価も大きく上昇するような状態に変化していきました。

　日経平均も、利下げに呼応するように大きな相場を形成するようになります。日経平均は、1985年には１万5000円を超えて、1989年年末の約４万円までの上昇の入り口となったのがこの時期です。当時は、証券会社の若いトレーダーが怖いもの知らずで、上値を積極的に買っていくという「新人類相場」などと呼ばれていました。

　1986年は、日経平均は一方的な上昇相場になりました。国内では、金融（金利）の自由化などが行われたこともあり、銀行や証券などの金融株が乱舞していました。1986年の年末には、日経平

均は、1万8000円台まで買われていました。

　米国の要求もあり、銀行預金など金利の自由化が行われたのも
この時期です。当時、日本では大蔵省を中心とする護送船団方式
で銀行などの金融機関の運営がなされていました。まだ、都市銀
行、長期信用銀行、信託銀行など大手銀行だけでも、合計23行も
あった時代です。しかしながら、それなりに各銀行の領域的な棲
み分けができていました。日本の銀行の信用格付けも、銀行の株
価も高い時代でした。1986年頃には、第一勧業銀行（現在の「み
ずほ銀行」）の信用格付けはAAAで、株価も当時の史上最高値を
つけていたのを記憶しています。

　当時、『ジャパンアズナンバーワン』というアメリカ人（エズラ・
F・ヴォーゲル）の書いた書籍の日本翻訳版も出版され、日本は、
まさに時代の寵児として、経済的な繁栄を極めるような時代とな
っていたのです。プラザ合意以後、米ドルは200円を割り込みそ
こから150円くらいまで急激に円高が進みました。以降少しずつ
円高になり、1988年には120円を割るようなレベルまで円高が進
んだのでした。

　日本は不況に落ち入り「円高不況」という言葉が世の中を駆け
巡るようになりました。

　円高によって、米ドルが120円を割りそうなレベルまで進行し
たこともあり、鉄鋼、造船や機械など重厚長大産業への影響は大
きく、企業城下町などでは工場の閉鎖なども続くようになってい
ました。仕事を求めて、地方から大都市への人口移動が急増した

のも、このような背景があったからです。

　一方で、政府は財政支出を増やしインフラの整備をして内需拡大を図りました。日銀は利下げによってこの円高不景気に対処すべく大きく利下げに動いた時期でした。1987年には、当時の史上最低金利水準になる2.5％まで公定歩合を下げています。この金融緩和によって、日本中にお金があり余るようになり、そのお金は金融機関等を通じて、融資などで民間に大量にお金が流れて、現物資産と呼ばれる株式や不動産価格が大きく上昇するようになりました。

　1987年、日銀は金融緩和が不動産や株価を押し上げ過ぎているという懸念を表明するようになりました。首都圏のマンションの価格も、サラリーマンの平均年収の7倍から10倍程度まで上昇して、通常のサラリーマンが取得できないくらいまでの価格に上昇していました。

　ところが、1987年10月14日月曜、米国発のブラック・マンデーと呼ばれた株式市場の大暴落が起こったこともあり、世界経済の協調の観点から日銀は画策していた利上げを見送らざるを得なくなるのです。このような金融緩和状況は、日経平均が3万円を超えた1989年の年初まで続きました。

　1987年の株式市場での大きなイベントとして、その年2月にNTTの民営化に伴う新規株式公開が行われました。119万円だった公募価格を大きく上回る160万円で初値をつけ、東証一部に上場しました。NTT株はその数カ月後には、300万円以上にまで高

騰して、NTT株に当たった投資家は大儲けをしました。NTT株の上場が、個人投資家の株式投資ブームの大きなきっかけとなりました。当時のNTTは、時価総額約40兆円と世界一の時価総額の会社となりました。

　この頃は、日本株ではソニー、パイオニアやパナソニック（当時の松下電器）などのエレクトロニクス関連銘柄が、乱舞していた時代でした。また、当時都市銀行や信託銀行などが積極的に個人にカードローンでお金を貸す傾向が顕著になり、個人向けのカードローンが急速に普及していきました。金余りとなり、低金利で貸出先を探していた金融機関が異常なくらいの状況であったことがうかがえます。ある意味、日銀の金融緩和で銀行の貸し出しもかなり緩んで、異常な状況になっていたのです。

　政府：財政支出大幅増

　日銀：公定歩合5.0％から2.5％に

　日経平均：1万円〜2万4000円台

1988年〜1989年末 土地の高騰と大バブル経済

　円高による重厚長大産業の不況で仕事を失った人々の受け皿として、東京などの大都市圏がその都市開発で大きく潤うようになりました。このころから東京や大阪などでの仕事を求めて、大都市圏へ人口が集中していくことになります。不動産価格もうなぎのぼりに上昇するようになりました。このころすでに、東京の住宅平均価格は、3000万円以上になっていました。それから1990年

の天井まで不動産価格はそれから2倍くらいになっていたというのを記憶しています。

1987年11月には、竹下政権が成立して、内需拡大のために日本全国の地方公共団体に、「ふるさと創生」資金と称する財政支出を増やしています。1988年は、日経平均が大きく上がった年でした。この頃、某中堅証券会社がQレシオなるものを発表したのを覚えています。上場会社が保有する不動産を時価評価して、一株あたりの純資産がいくらになるかを試算したものでした。この頃は、不動産銘柄関連が大きく上昇していました。

極端な話ですが、当時の皇居周辺の不動産だけでイギリス全土が買える程の価格になっていました。その後、日本だけは世界の先進国経済とは大きく異なり、好調を維持するというような世の中の流れになりました。ブラック・マンデーから3カ月もしないうちに、この大暴落ショックからも立ち直り、1987年の年末の師走の東京や大阪の繁華街は大活況だったのです。

当時は、税制も個人が自分の住むための住宅を取得することに関しては、非常に寛容でした。例えば、個人がこれまで住んでいた自宅を売って、買い換える場合にはキャピタルゲインが数千万円までは、大幅に減税されるような税制が創設されていました。そのほかに、1988年からは居住用の自宅を取得した個人には、建物に関する住宅ローン残高の1％を税額控除するという制度もこの時期につくられたものです。

当時、不動産価格が高騰して、庶民が住むための不動産も買え

ないという不満を解消するために創設された減税制度でした。不動産価格が高騰しても個人が居住用で取得する分には、優遇するという政策でした。逆に、不動産投機をして不動産価格の高騰を煽るようなものに対しては、転売利益の90％を課税するというペナルティ課税（短期重課）が創設されたものもこの年でした。

　1988年頃、すでに首都圏や大阪圏の居住用の不動産価格はサラリーマンの平均年収の10倍以上の値段になっていました。不動産業者は、不動産を開発して個人に売れば大きく儲かるということで、かなり積極的に不動産開発をしていました。東京圏の電鉄会社なども関連不動産会社を使って、東京の中心部まで通勤に1時間から場合によっては2時間くらいかかるような地域でも住宅開発をすれば売れる状況でした。かなり田舎といえる場所でも戸建て住宅の開発を行い、3000万円～4000万円くらいの価格で販売していました。

　1989年1月には、昭和天皇が崩御（死亡）されて、正月の気分が吹き飛んだ年でした。サッカーの高校選手権やラグビーの日本選手権決勝なども中止されました。この時に「平成」という新年号を発表したのが、当時の小渕官房長官（後の総理大臣）でした。

　この年の年初あたりから、価格高騰しすぎて買えない不動産に国民の不満が向くようになりました。1989年には、都内で60平米くらいの中古マンションが5000万円以上（当時のサラリーマンの平均年収の14倍くらい）にまで不動産価格が高騰したのです。

　1989年4月に導入された「消費税（当時3％）」などの増税も

影響して、国民には一生働いても「うさぎ小屋」にも住めないとう不満が渦巻くようになっていました。消費税の導入は、安定した財源を確保しようとする大蔵省の意図があったと想定されます。

　日銀も景気がよかったこともあり、1989年6月に、1980年以来の公定歩合の引き上げに踏み切りました。加えて、銀行に対して不動産関連融資については慎むようにというような口先介入をするようになりました。

　大蔵省も銀行が日本の経済成長率以上に不動産融資関連融資が増えるのは好ましくないというような行政指導を始めていました。その頃、銀行が融資できないような不動産関連の融資案件が、ノンバンク（銀行以外のファイナンス会社）に舞い込むようになっていました。いわゆる迂回融資と呼ばれるものでした。

　また、1987年頃から節税効果をうたった投資用マンションの購入が、はやりになっていました。医者や歯医者さんなどの高額所得者が、節税目的で新築のワンルームマンションへの投資をして、建物の減価償却と金利負担などで不動産所得のマイナスを作って、給与収入と相殺することで、節税効果が高いというような売り文句でした。節税をした上で資産運用ができるという高額所得者にとっては、夢のような投資対象だったのです。

　当時は、15平米くらいの広さのワンルームマンションが主流でしたが、東京圏や大阪圏への人口一極集中もあり、このようなワンルームマンションにも、空き部屋はほとんどない時代でした。1985〜1987年頃には、新築のワンルームは1500万円くらいの値段

で売られていました。その後、このようなワンルームマンション
も1989年のピーク時には、4000万円前後まで値上がりしたのを記
憶しています。

　1989年初頃から、すでに都市銀行などは、個人にこのような不
動産投資資金の融資はしなくなっていました。日銀も1989年6月
から金融引き締め（利上げ）モードに転換しています。この年だ
けで、4度の利上げを行っています。

　1989年12月に、バブル経済にとって運命の節目を迎えます。す
でに、日銀は内需中心の世の中の好景気や不動産バブルの膨張を
抑えるために、利上げや銀行に対する行政指導を強めていました。
加えてこの月に「バブル潰し」で名をはせた三重野氏が、日銀総
裁に就任するのです。その後彼は「平成の鬼平」と呼ばれるよう
になりました。

　この年の年末には、日経平均が史上最高値約3万8900円の史上
最高値で大納会を迎えて、野村證券から1990年の年末には日経平
均株価は、5万8000円になるというレポートが出された時期でし
た。この日経平均株価5万8000円というのは、野村證券の事業計
画上、これくらいの日経平均になれば1990年の同社の経営数値目
標が達成できるという背景で設定されものでした。冗談のような
話に聞こえますが、大手証券4社で数兆円の利益を上げていた時
代なので、このようなことは当たり前だったのかもしれません。

　この時の日経平均株価のPER（株価収益率）は、60倍を超えて
いました。1989年後半において東証一部で一番株価が安かった銘

柄は「にっかつ」だったと記憶していますが、この株も600円を超えて、東証一部で600円以下では買える株がなくなっていました。かなり異常な株高状況であったのは、間違いありません。当時の米株式市場のPERが12〜13倍程度であったことを勘案すれば、日本の株価は極端なバブル状態だったのです。

　こうして、日本は日銀の金融引き締めと政府の増税政策（消費税など）によって、インフレ経済下のバブル期が終焉を迎えるようになりました。日本のGDPも1980年の260兆円から1989年の380兆円まで、大きく成長をした時代となりました。もちろん日本政府の財政支出も大きく拡大した時代でした。1980年の約60兆円から1989年には、130兆円と倍増しています。

　政府：積極的な財政支出。但し、1989年4月から消費税による
　　　　増税開始
　日銀：利下げから利上げに動く。5.0％から2.5％まで利下げ、
　　　　1989年6月から利上げ。
　日経平均：約1万円から約4万円に上昇

　景気拡大幼年期：1984年10月〜1986年9月
　景気拡大青年期：1986年10月〜1987年10月
　景気拡大壮年期：1987年11月〜1989年12月

第6章　1990年～1999年　バブル経済の崩壊からデフレ経済へ

　日経平均は、1989年年末の高値から1990年1月の大発会から下げ相場になります。日銀の三重野総裁就任（1989年12月）後、彼は公定歩合を6％まで上げ続けて、本格的なバブル潰しをしようとしたことが大きな影響を与えるようになりました。その後の経済の悪化から日銀は1992年頃から2000年頃まで利下げに動いていました。

　一方で1993年に政権交代のあった頃から政府の財政支出などは限定されるようになりました。税収が大きく減少したこともあり増税論議がなされて、1997年4月には消費税増税が行われています。財政破綻論が語られ、財源不足という観点から財政支出も

日経平均月足チャート　1989年〜2001年

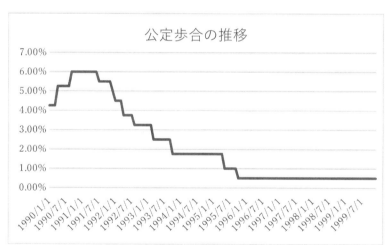

公定歩合の推移　1989年〜1999年

1996年頃から毎年のように減らされていきました。

　ただ一度、1999年の小渕恵三内閣時に増やされましたが、2000

年5月の突然の彼の死後には、再び緊縮財政へ転換しています。

6.1) 1990年～1995年　株価バブル崩壊からバブル実体経済の崩壊

　日経平均は1990年年初から下げ相場が続き、1990年3月末には、日経平均は3万円を割り込みました。その後あっという間に2万円の大台も割るようになりました。1990年8月の湾岸戦争の勃発なども影響して、原油価格の高騰や経済の停滞などの悪影響からバブル崩壊し、経済の悪化が顕著になりました。当時、外国人と呼ばれていた外国系の証券会社が日経平均先物などを売りまくっているような報道がなされ、彼らが悪者のような扱いを受けるようになっていました。株式市場でのバブルの崩壊が叫ばれるようになった頃でした。1991年1月には湾岸戦争も終結したのですが、日本経済はバブルの最高潮期から凍り付くような経済状態に変化していきました。

　世の中では、日本の株式市場のバブル崩壊が大きなニュースになるようになりました。出来高も、1989年の半分程度に落ち込むようになったのです。この年の4月には、弱者連合と揶揄された太陽神戸銀行と三井銀行が合併して「さくら銀行」が誕生しています。

　1991年、三重野氏による不動産バブル潰しもクライマックスに差し掛かっていました。公定歩合は、6％まで引き上げられて、

1990年〜1995年約5年の週足チャート（日経平均）

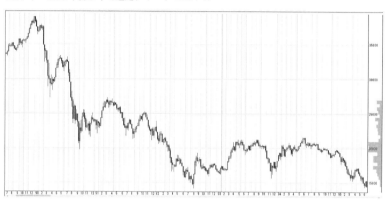

国債などの長期金利も8％を超える水準になっていました。8.9
％利札のついた長銀債などを買い求める預金者で、東京大手町に
あった長銀本店前に長い行列ができたこともありました。

　1991年1月に、当時多国籍軍と呼ばれた米国を中心とする軍隊
が、クウェートの奪還に動きます。実際には数日で終了したよう
ですが、「砂漠の嵐」作戦と呼ばれたイラク戦争の終結によって、
日経平均株価は一時的に2万5000円台を回復しました。

　この頃、株式取引で大損をした人や会社などが、証券会社から
機関投資家などの大口投資家は、損失補填をしてもらうようなこ
とが当たり前に行われていました。これが不公平だということで、
社会問題になりつつありました。以降、「損失補填」ということ
が毎日のように、新聞に載るようになっていました。証券会社に
対する風当たりが強くなり始めたのです。一般の投資家からすれ

ば、大口投資家に対する損失補填なんかは、「不公平でまかりな
らん。」というような声が国民からも沸きあがってきた時期でした。

　日銀もこの頃から姿勢を転換し始めます。公定歩合を上げ続け
ていたものが、1991年の後半には、金利を下げる方向へ動き始め
たのです。すでにバブル崩壊という言葉が巷に溢れていました。
毎週のように、不動産会社などの大型倒産が日経新聞で伝えられ
るようになりました。政府もどちらかといえば、バブル崩壊によ
る経済停滞を避けたいというような方向性で動くようになってい
たかもしれません。

　1992年には、日経平均は2万円の大台を割れるレベルまで株価
が下落していきます。当時の政権も大型経済対策を打ち出すよ
うになり、日銀も1991年後半から利下げに向かうようになりまし
た。その後も日経平均は下落して1万5000円割れを起こしていま
す。1993年には、経済回復を訴えた自民党政権が選挙で敗退して、
戦後初の自民党を除いた細川氏を首相とする野党連立政権となり
ました。

　1993年には米国でクリントン政権が樹立されて、米国の双子の
赤字問題がクローズアップされていました。日米の貿易摩擦はピ
ークを迎えるような状態でした。米政権による円高誘導による日
本叩きは本格的になり、1995年には米ドルが79円という当時の史
上最高値を付けています。

　その後も、バブル経済の崩壊は続き、1995年にはバブル経済
にとどめを刺すような自然災害、「阪神淡路大震災」が発生して、

　日本経済はボロボロの状況となりました。その頃には、税収も1989年から比較すると10％程度減少していました。そのような状況下で、財政支出を増やしていくことは不可能という議論となり、政府財政の健全化が叫ばれるようになりました。

　その後、中国経済の進展や香港の中国返還などの国際的なイベントによる世界経済の回復などもあり、1996年には日本経済も少し回復していきました。1997年4月から消費税は3％から5％に増税になります。財政支出についても、財政均衡をめざす法律が制定されて制限されるようになりました。

　日銀は、1991年6月まではバブル潰しのための利上げを行っていました。その後は、バブル崩壊による不景気が続くことになり、日銀は長期的に金利を下げ続けることになります。1995年に阪神淡路大震災の発生や超円高となった際にも利下げを行いました。しかし、バブル崩壊後の不景気には対処しきれない状況が続きました。1995年、公定歩合0.5％という当時における実質的なゼロ金利政策を始めています。

　政府：積極的な財政支出から財政支出の減額へ傾いていく。
　日銀：利下げから利上げに動く。2.5％から1989年6月から6
　　　％まで利上げ。1991年7月から利下げし、1995年10月からゼ
　　　ロ金利開始。
　日経平均：約4万円から約1万5000円台に下落。
　当時躍進した成長銘柄：シマノ（釣り具など総合レジャー用

品）、メイテック（技術者派遣）、ニチハ（新住宅素材）、ユニ・
チャーム（新紙用品革命）

6.2) 1990年〜1994年　バブル崩壊からの不動産投資

　1989年中から、日銀は利上げを行いながら、銀行の不動産融資
を抑えるのに躍起になっていました。当時、5年以内の不動産の
短期売買で儲けたお金については、90％のペナルティ税金を課す
ような税法になっていました。しかしながら、不動産投資は儲か
るので、脱税をしてまでも儲けようという輩が多くいたのです。
　脱税企業への税務署（特別査察局）の摘発をテーマとする『マ
ルサの女』という映画が大ヒットしたのもこの頃です。当時、脱
税の御三家といわれたのは、「パチンコ」「不動産業」「金融業」
でした。金融業とはいっても銀行やその関連ノンバンクではなく、
『ナニワ金融道』に描かれているような「街金」と呼ばれるもの
でした。
　1990年3月頃から、本格的な不動産バブル潰しが始まりました。
日銀は都市銀行などに対して、ノンバンク融資も含めた不動産融
資の残高の報告を求めるようになり、不動産融資残高が増えてい
る銀行に対しては、厳しい行政指導をするようになったのです。
　その後、ノンバンク金融への融資を制限してくるようになりま
した。いわゆる「ノンバンク融資規制」というもので、日銀が商
業銀行などの金融機関に指示して行われたのです。

　こうなってくると、ノンバンクもお金が回らなくなるリスクが出てくるので、融資先から不動産融資を引き上げるような動きをするようになりました。この頃から反社会勢力（いわゆる「やくざ」）が不動産などの取引に介入してくるようになりました。

6.3）バブル期前後の不動産と株式に対する課税の変化

　1995年に書かれた某大手証券会社のレポートをみると、田中角栄元首相のぶち上げた「日本列島改造論」などを受けて、日本の不動産開発は、1960〜1970年代の高度成長期は、概ね順調に推移してきていました。

　ところが、2度にわたるオイルショックの後、国内経済の閉塞感が強くなったことなどから、国内経済を活性化させるためにも、不動産開発を再び進めるような動きができたのです。その大きな政策の目玉が、不動産の「買い替え特例制度」だったそうです。米国などで、採用されていた不動産の売却で生じた税金の繰延べ制度ですが、これを日本にも導入するということにしたものです。

　買い替え特例制度とは、持っている不動産を売却してキャピタルゲインがあっても、買い換えた不動産を売るまではキャピタルゲイン課税を猶予するという制度です。1982年に日本で創設されたもので、その制度は内容をいろいろと変更されながらも現在も残っています。

　周辺が住宅地になりつつある工場などを郊外ないしは田舎の工

業地域へ移転をスムーズに行わされる制度として、税制面での優遇が図られたのです。某証券会社のレポートには、これが1980年代後半の不動産バブルの起爆剤になったと記載されています。

　不動産に関する課税に関しては、バブルが膨張するにつれてどんどん厳しくなっていきました。1988年に短期重課という課税制度が設定されましたが、短期間の不動産売買で得た利益の90％を徴税するというペナルティ課税のようなものでした。

　しかしながら、それでも政府はバブルの膨張を防ぐことはできませんでした。結局、儲かるなら脱税でもしてこのような税金を払わないで済むようにするのが世の常のようです。この頃、日本政府は、不動産投資の資金源である銀行などからの不動産融資をさせないようにすることが、バブルつぶしに最も効果的ではないかという結論に達したようです。

　このように、不動産投資に関する税制については、バブル当時も大きな相違がありました。住宅を含む不動産については、生活必需品であることもあり、国民の声などを色濃く反映する税制になりがちです。当時は、いろいろと税制が変更されて、バブルの末期には、短期重課やその後の地価税の創設など不動産投機を行うようなものに対してはかなり厳しく、住宅ローン金利などの税額控除制度など国民が住む居住用の不動産については寛容な税制となったのです。

　当時、ウィークリーマンションで隆盛を極めていたツカサは、事業的にはうまくいっていたものが、この日銀の融資規制などを

受けて、建物の完成時期に資金が借りられなかったことを後々社長が著書で告白しています。銀行からもらっていた融資確約書なども信用できないような状況になっていたようです。確かに、ここまでやるとやりすぎと言えるかもしれません。

このような政府や日銀の姿勢転換に対して、もっとも早く対応したのが当時の住友銀行と言われています。なにせ大阪系の銀行でもあり、土地バブル期には儲かるなら「なんぼでも貸す。どこでも貸す」という姿勢から、「とにかく金返せ」というような姿勢に大転換したといわれています。ある意味、銀行としてのリスク管理はできていると思いますが、顧客からすれば、「ふざけるな」といいたくなるような融資姿勢の転換でした。

関西でバブル資金の提供者として名をはせていた兵庫相互銀行（後の兵庫銀行）の子会社の大証上場のリース会社が、会社更生法を申請して破綻しています。この兵庫銀行はスポーツ振興と呼ばれるグループのゴルフ場開発に積極的に関与していました。ゴルフ会員権などもバブルを象徴する資産だったのです。

このリース会社の実質親会社であった兵庫銀行も1995年に破たん処理がなされ、戦後で普通銀行初の破綻処理でした。その後、同行はみどり銀行となりました。

6.4) 1995年～1996年　阪神淡路大震災と金融恐慌

1995年は、日本にとって激動の年になりました。同年1月には、

　「阪神淡路大震災」が起こりました。また、それに続く「ニック・リーソン事件」でした。当時、イギリス女王様の証券会社と呼ばれていた名門ベアリングズ証券のリーソン氏は、株式部門のトレーダーではありませんでした。ミドルオフィスと呼ばれるリスク管理部門にいて、日本株先物取引のリスク管理をしていたのです。日経平均が1万8000円を割り込んで、同社のトレード部門で大きな含み損を抱えていたのです。

　そのことを見かねて損を取り戻そうとリーソン氏は、日経平均先物のナンピン取引をしたのです。しばらく日経平均も戻って、含み損も少なくなったのですが、ここで「阪神淡路大震災」が起こって、日経平均先物も暴落してしまったのです。大きな含み損を隠すことができなくなったリーソン氏は、たった一日で5000万ポンド（当時の為替換算、90億円程度）の損失を出すにいたったのです。結局、これらの取引で合計1300億円以上の損失を出して、名門ベアリングズ証券は破綻していきました。

　次に発生したのが、1995年3月に発生した「地下鉄サリン事件」です。当時、オウム真理教という新興宗教が起こした恐ろしいテロ事件でした。オウム真理教の信者には東京大学の学生や同大学を卒業したような優秀な信者がたくさんいたのです。彼らは激しい修行によって洗脳されていました。当時、オウム真理教の開祖は、彼らの布教活動が警察などによって邪魔されるようになり、霞ヶ関の警察官僚たちが悪の権化のような存在だとして、ある種のテロを起こしたのでした。

1996年〜1997年 約2年の週足チャート（日経平均）

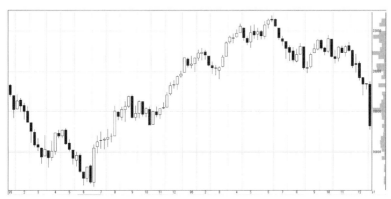

　第2次世界大戦中にナチスドイツ軍が開発した「サリン」とい
う猛毒ガスを製造して、霞ヶ関の官僚たちを殺害しようと地下鉄
の電車内に振り撒いたのでした。地下鉄日比谷線など複数個所で、
このテロが実行されました。最終的にこの事件では、数十人の死
者と数千人の被害者を出すという日本では前代未聞の新興宗教集
団によるテロ事件になりました。

　1996年以降は、日本は金融恐慌のような状態に陥っていくこと
になります。1996年は利下げによって景気回復期となりますが、
税収の激減もあり、1997年4月から消費税が3％から5％へと増
税されることになりました。この増税が政府の大きな失策となっ
たようで、以降日本では証券会社や大手銀行が潰れるというよう
な金融恐慌状態になっていきます。

　1996年6月頃、国会でも住宅金融専門会社、住専の債権処理こ

とが問題となってきました。大手の金融機関の子会社である住専
は、バブル期に不動産融資に傾注したこともあり、バブル崩壊後
は不良債権が山のようにあったのです。当時の米系証券の推計で
は、全銀行で200兆円以上の不良債権があり、その半分程度しか
回収できないというレポートもだされていました。

　住専は農林系を除き5社がありましたが、国会議員などで構成
された調査団が検査に入ると、彼らの資産の半分程度が焦げ付い
ていることが判明したのです。ここに至り金融機関などの住専の
株主である金融機関が、それぞれの融資額に応じて責任をとるよ
うな措置がなされました。この頃から不動産取引は細り、不動産
は「売ることもできない資産」に変わっていきました。

　「貸し手責任」という言葉が、日本でも使われるようになった
のが、この頃でした。貸し手責任というのは、バブル期に不動産
にお金を融資したほうも悪いという、けんか両成敗のような考え
方です。米国では、1980年代の後半から「Lender's Liability」と
いう言葉で語られていました。

　この年には、過去に発行した公募債が償還できなくなり、ヤオ
ハンが倒産した時期で、メインバンク制度が崩れるきっかけのよ
うな事象も起こっています。

　政府：財政支出の減額が継続していく。
　日銀：1991年7月から利下げに入り、1995年には実質ゼロ金利
　　　　政策へ。

日経平均：約 1 万5000円台から約 2 万円を回復後、約 1 万8000
　　　　　円台に下落。

6.5) 1997年〜1998年　消費税増税、アジア危機から金融恐慌へ

　1997年 4 月には、消費税が 3 ％から 5 ％に引き上げられました。
この時にも霞ヶ関改革なるものが声高に議論されていたのですが、
省庁の名前だけの合併に終わりました。そもそもは、当時の大蔵
省が権力を持ちすぎていたので、変えなければならないというこ
とが起点でしたが、大蔵省を金融監督庁と財務省に分離しただけ
で、その他の省庁も名ばかりの合併ということになりました。

　これらの改革の引き金となったのが、ノーパンしゃぶしゃぶ接
待事件というような銀行や証券会社が、大蔵省の幹部を接待して
いろいろな「お上の情報」を得ていたことに対する処罰のような
ものでした。この頃から大手金融機関や証券会社は潰さないとい
う、当時の大蔵省の護送船団方式が大きく崩れることになります。

　この年の 8 月頃に、「アジア危機」が始まります。タイ、マレ
ーシアやインドネシアに大量の外国のお金が流入していたのが、
一気に流出するような流れになったのです。日本の株式市場にも
大きな影響を与えました。円高になり日経平均は 1 万5000円を割
り込み低迷することになりました。しばらくして、韓国が外貨不
足で破綻状況に陥り、IMF（国際通貨基金）の管理下に入ること

1997年〜1998年の週足チャート (日経平均)

になりました。

　バブル崩壊後の不景気によって税収が落ち込んできたこともあり、当時の財務省を中心に消費税増税という方向性が検討されるようになりました。バブル崩壊による不景気で税収が減り、米国同様に財政赤字が大きくなってきたことが背景にありました。

　この頃に成立したのが、1997年11月の「財政構造改革法」でした。増税を行い財政支出額を減らして、財政赤字を減らそうという政策がとられるようになったのです。結果的にこのことがその後のデフレ経済を促進させるような政策になってしまいました。

　住専に続いて、この頃から大手リース会社などの不動産融資も不良債権化して問題となってきていました。例えば、バブルの頃に大きく伸びた、「第一不動産」「秀和不動産」「イーアイイ」などの不動産会社への貸付が焦げ付いていたのです。その頃、これ

らの不動産会社は、銀行やノンバンクに元本も金利も払わずにいました。しかしながら、それらの会社の社長が借入金の返済もせずに、銀座のクラブなどで豪遊していることが社会問題にもなったものでした。いま考えて見ると、これも日本の消費税増税などで、世界的なお金の循環が悪くなったことなどが要因となっている可能性もあったといえるかもしれません。

1997年11月３日には、中堅証券会社であった三洋証券が会社更生法を申請して、破綻していきました。三洋証券は、バブルの後半に米国の証券会社を真似したといわれるような体育館のような大きなトレーディングルームを造ったことで話題になった会社でした。最終的にはこのトレーディングルームの投資にかかわる借金があだになって倒産したのです。こうして証券会社という金融機関の一つが破綻していきました。

それまでは、銀行などが破綻しても政府が救済するような措置がとられていたのですが、三洋証券はそうではありませんでした。この頃から、金融機関の破綻は休日前日か休日に起こるようになりました。恐らくは、大蔵省などの指導によるもので、一般国民が銀行や証券会社の破綻するのをみて、取り付け騒ぎなどを起こさないようにという配慮が背景にあったようです。

三洋証券の経営破たんから、２週間もしないうちに、北海道拓殖銀行（拓銀）が破綻しました。日本政府も含めて、スキーリゾートなどの開発を積極的に進めていたこともあり、バブルの象徴ともいえるスキーリゾートトマムなどの開発に積極的に融資して

いたのが拓銀でした。1994年くらいまでは『私をスキーに連れて
って』などの日本の映画にみられるようなスキーブームもあり、
順調だったようですが、1995年以降急激にスキー人口が減少して、
ついには北海道のスキーリゾートが次々に破綻に至ったのです。

　また、宮崎県と国が肝いりで始めたシーガイアは、バブル期を
象徴する施設で、1989年に当時の政府系金融機関と宮崎県が主体
になって、開発されたリゾート施設です。バブル当時、竹下首相
が日本全国を「リゾート化する計画」というとんでもない財政支
出政策をやっていたその象徴のような存在でした。そのほか、ふ
るさと再生資金として、各地方自治体に政府から1億円が贈られ
て、不要なレジャー施設の乱立が問題化したのもこの頃でした。

　こうして日本はバブル崩壊後の不況から金融恐慌的な状況に陥
っていきます。この頃に、メインバンク制度の崩壊ということも
起きています。1995年頃から顕著になったのですが、住専と呼ば
れた上場ノンバンクの破綻処理から始まり、体力の消耗していた
銀行は、収益の上がらない債務の多い企業を見捨てる傾向が強ま
ったのです。これまではメインバンクとしてこのような過剰債務
企業を支えていたのですが、バブル崩壊で銀行自体の体力が消耗
して、支えきれなくなったともいえるかもしれません。

　1997年4月には消費税増税（3％から5％）もあり、国内消費
が大きく落ち込み、消費者もどちらかといえば、安いものを選択
して買うような傾向が強まった時期でした。デフレ経済が本格的
に日本に浸透してきた時期でした。

　加えて、大手のスーパーなども円高を利用して、中国の低賃金で生産した商品を日本で販売するようなことが当たり前になってきた時代でした。また、100円ショップの出店が進み、均一低価格で、中国製の製品を購入できるようになっていました。そして1997年11月、山一證券の自主廃業事件などが発生していきます。デフレが進行する中、日本は本格的な金融恐慌のような状況に陥っていきました。

　政府：財政赤字が増え消極財政支出から増税へ。
　日銀：1995年からのゼロ金利政策が続く。
　日経平均：約１万8000円台から約１万4000円台に下落。
　当時躍進した成長銘柄：ヤフー・ジャパン（ポータルサイト）

6.6）1998年〜1999年　LTCM危機の発生から円高相場へ

　当時外資系証券などが、まとめて銀行の不良資産の買取りをするようになってきていました。米国の「はげたかファンド」が日本へ進出してきたのもこの頃でした。1998年６月には日本長期信用銀行が破綻します。空売りファンドなどに同社の株を大きく売り崩された上に、粉飾決算疑惑が取りざたされていました。いろいろと外資系の銀行、当時のスイス銀行なども含めて救済合併なども検討されていましたが、最終的には破綻処理になりました。
　1998年４月から日本版金融ビックバンも本格的に始まりました。

1998 年〜1999 年の週足チャート（日経平均）

　証券取引手数料や為替取引なども自由化が始まります。インターネットの普及で、海外の情報などを簡単に取得できるようになりました。この頃から、金融のインターネット化が大きく発展していくことになるのです。1998年の年末に日本で初のインターネット証券が誕生しています。

　この金融ビッグバンの中では、これまで優遇されていた銀行などの金融機関を世界の主流となりつつある国際化と株式市場の透明性の確保や個人投資家の保護のために行われたものでした。当時不良債権処理などで苦しんでいた日本の金融機関にとっては、かなり不利なタイミングでの金融の自由化が行われたのです。日本では、証券会社や銀行などが社会悪のような扱いを受けていたことも、この改革の大きな要因になっていました。預金保険の本格適用も検討されていましたが、銀行の破綻が続くようになった

こともあり、当時の行政は、銀行預金は全額保護するという政策をとらざるを得ない状況になっていたのです。

1998年8月には、LTCMショックが世界の金融市場を駆け巡ります。シティバンクなどで天才ディーラーと呼ばれたジョン・メリウェザーの率いる金融工学の天才投資集団のファンドが、ロシア国債の投資で大失敗をしたのをきっかけに、世界中の金融機関がLTCMとのデリバティブと呼ばれる金融取引で、破綻するのではないかというような状況に陥ったのでした。

この年9月に入って、LTCMと取引のあった米国の証券会社や銀行などに対して、米国FRBがLTCMを破綻させないような措置を、巨額融資をしていた金融機関に受けさせることになったのです。その翌月、タイガー・ファンドと呼ばれる当時の超大型ヘッジ・ファンドなどがLTCM危機の影響を受けて破綻していきました。この時には、米ドル／円が1日で、10円以上動いたのです。ヘッジファンドの破綻に伴う、為替予約の解約による猛烈な為替の巻き戻しが起こったのです。

政府：財政赤字が増え消極財政支出から増税へ。

日銀：1995年からのゼロ金利政策が続く。

日経平均：約1万4000万円台から約1万8000円台に上昇。

当時躍進した成長銘柄：ファーストリテイリング（SAP型アパレル）、ベネッセ（通信型教育事業）

6.7）1999年〜2000年　インターネットバブルとその崩壊

　1998年は、年末までLTCM危機で世界的に株価が低迷していました。年の瀬にもあまり明るい材料はなかったのですが、1997年に上場したヤフージャパンの株価が大きく動き始めた時期でした。米国でもインターネット証券などが勃興した時期で、これから大きな「インターネット革命」が始まるような話題が上るようになりました。「ETRADE」という米国のネット証券会社の株価が、3カ月で5倍にもなったという話もあり、これは何かが始まるというような時期でした。

　1999年12月には、ニューヨーク市場と東京市場での同時上場となった「インターネット総合研究所」株が話題になりました。なんと、上場時の株価が2000万円にもなったのです。ITバブルの象徴的な事象でした。

　AOL（アメリカンオンライン）などで米国のネット関連株が大きく株価を上げていました。この頃には、半年で株価が3倍〜5倍くらいになる銘柄もたくさんありました。日本でもインターネット関連株が持て囃されていました。

　1999年に小渕内閣が、金融恐慌の広がった日本経済を刺激するために、27兆円の大型経済対策を実施し財政支出を増やしたことなどによって、2000年2月に日経平均が2万円を回復したのですが、2000年5月に小渕首相が急逝し、再び財政緊縮路線へと戻りました。また、景気がよくなったことなどを勘案して、日銀が利

1999年〜2000年の週足チャート（日経平均）

　上げしようとしたことが、その後の株価低迷に拍車をかけた可能
性もありました。

　また、2000年2月頃に、米国と日本で同時にインターネットバ
ブルの崩壊が始まります。日本では、インターネット関連株に投
資をしていたソフトバンクや光通信が、ストップ安を繰り返しな
がら、大きく売られていきました。加えて、日本では、4月に日
経平均の採用銘柄の入れ替え対象になったソフトバンク株がさら
に大きく売られたことをきっかけにして、日経平均も大きく下げ
ていきました。

　政府：小渕政権で財政支出増額するが、株価回復から支出減。

　日銀：1995年からのゼロ金利政策が続く。

　日経平均：約1万4000円台から約1万9000円台に上昇。

1990年1月～1990年12月：景気後退幼年期
1992年1月～1993年3月：景気後退青年期
1993年3月～1995年6月：景気後退壮年期
1995年7月～1996年7月：景気拡大幼年期
1996年8月～1997年7月：景気拡大青年期
1998年1月～2000年3月：景気拡大壮年期

　但し、上記の期間については、金融恐慌的になって、景気拡大よりも景気回復をまったく実感できない特殊な景気状況でした。

第7章　2001年～2010年　小泉構造改革からリーマンショックまで

　金融恐慌が発生した1990年代の後半の反省もあり、またITバブルによる日本経済の回復もあり、政府は再び緊縮政策を採り始めていました。一方で日銀は2001年から量的緩和政策を発動しています。

　その後、小泉構造改革などで、不良債権の処理や株式市場に新興市場を作ることで新しい産業の育成を目指していた時期に当たります。日銀は2007年央から景気が回復途上にあるとして量的緩和を停止して利上げをしています。2006年頃から米国などで景気の過熱による余剰債務問題が発生して、世界的なバブル状況となっていました。2007年以降、サブプライムローン問題などから景

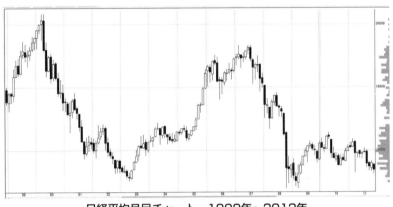

日経平均月足チャート　1999年〜2012年

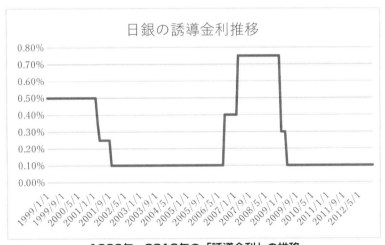

1999年〜2012年の「誘導金利」の推移

気が悪化しつつありました。2008年9月のリーマンショックで一
気に景気が悪化して、世界的な大恐慌へ突入した時期でした。

7.1）2001年〜2005年　小泉構造改革と不良債権処理

　小渕政権では大型経済対策を行い財政支出を増やしたものの、その後は日経平均が2万円を回復したことなどから、再び財政均衡を主張する官僚が増えて、小泉首相は何かと言えば既得権益を開放する郵政改革などの規制緩和をする方向へ動いていきます。一方で、税収の大幅減で政府は無駄な財政支出はしない方向性が確定的になりました。

　日銀も、ITバブルで日経平均が2万円を回復したことなどから、2000年8月にはゼロ金利政策を解除に動き、日銀は金融引き締め方向に動いていました。しかしながら、2001年9月同時多発テロなどの発生やその後の小泉改革によるバブル後の不良債権処理に伴う不景気の対処としての利下げを行い、再び実質的な金利ゼロ政策を取り始めます。

　2001年3月にかねてから議論されていた日銀による史上初の「量的緩和政策」が発動されました。日銀は利下げだけではデフレ経済の不景気を克服することができないので、日銀が金融市場に大量の現金を供給するという金融政策に踏みこんだのです。

　2001年4月に、森首相がえひめ丸事件の責任を取って辞任した後、郵政改革を声高に唱えていた小泉純一郎氏が日本の首相になります。日本経済の構造改革を訴えていくようになります。

　2001年の秋には、世界の株価に追い討ちをかけるような同時多発テロ（9・11）が発生。この事件をきっかけに、日経平均は再

2001年〜2005年　週足チャート（日経平均）

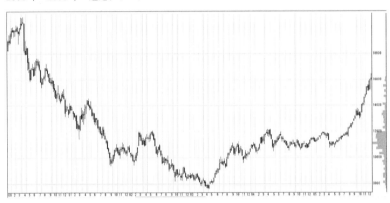

び暴落しました。米国中が喪中ムードになり、ITバブル当時が
うそのように、個人消費なども大きく減退していきました。

　この同時多発テロ事件によって、米国がITバブル崩壊後の不
況に陥り、日本も後を追うように不況に陥りました。また、同時
多発テロ事件によって、日本の損害保険会社、大成火災海上が同
時多発テロによる保険金の支払いができず突然のように破綻して
しまいました。日経平均は、1984年以来の1万円割れを記録して
います。また、ヘッジファンドが、空売りによって日本の鉄鋼会
社株や商社株を売り潰すような状況が発生しています。

　2002年には日本でも「空売り規制」が導入されるようになりま
した。ヘッジファンド勢が、大手商社や鉄鋼などの株を売り崩し
て、倒産株価にするような事例が相次いだことが影響しています。

　2003年5月に大和銀行（現りそな銀行）が公的資金の注入によ

って国有化されてから、株式市場の流れが変わってきました。IT
バブルの傷もいえた時期でした。当時、小泉政権に変わり、竹中
平蔵氏が政府の経済アドバイザーとして、いろいろと小泉首相に
アドバイスをしていたようです。

　この時期には、日経平均は1万円台を割り込み、バブル崩壊以
後の安値をつけています。この1万円割れは、日本が恐慌状態に
あるということを示唆するものでした。

　この夏に、五陵会事件が発生します。日本にある外資系の銀行
がマネーロンダリングに協力したというのが発覚して大きな社会
問題になりました。同時多発テロ事件以来、米国がマネーロンダ
リングを防ぐために、大きなお金の流れをチェックしている中で、
この不透明な100億円を超えるお金の流れについて、日本政府へ
の情報提供があったものと言われています。闇金融資で儲けたお
金を日本から香港へ送金して、マネーロンダリングをしていたの
です。この事件で、日本政府は多くの不透明な資金の流れがある
ことに気づいたと言われています。

　2003年11月に北朝鮮などへのマネーロンダリングに使われてい
たことが致命傷となって、足利銀行が破綻処理されています。前々
から北朝鮮などへの送金の窓口として、使われていたような噂が
絶えない銀行だったのです。その後の金融庁などの調査で、その
事実が明らかになっています。

　2003年年央には日経平均も1万円台を回復して、日本経済も最
悪期を脱したとも思われた時期でした。2004年以降、多くの新興

　企業が新興株市場に上場するようになります。中でも際立った値
動きをしたのが、本格的な収益機会をとらえるようになってきた
ヤフージャパンでした。

　2005年は、日経平均もITバブル崩壊以降約5年ぶりに1万5000
円台まで上昇しています。2004年頃から新興市場（東証マザーズ
やヘラクレス市場）に新興企業が続々と上場していました。それ
らの経営者であるヒルズ族というような若手経営者が続々と誕生
して、日本の景気をけん引していました。その代表格が堀江貴文
氏（ホリエモン）でした。

　当時の日銀は、2001年から始めた量的緩和政策を続けていまし
た。日本政府は構造改革の目玉としての郵政改革を継続していま
したが、緊縮財政政策の枠内での対処でした。

　政府：消極的な財政支出。但し、不良債権の処理については公
　　　　的資金を大量投入。
　日銀：ゼロ金利政策に加えて、量的緩和政策追加。
　日経平均：約1万2000円台から約8000円台に下落後、1万6000
　　　　　　円台を回復。
　当時躍進した成長銘柄：ケネディクス（不動産再生）、飯田産
　　業（現・飯田HLDS、パワービルダー）

7.2) 2006年〜2007年　ライブドアショックと中国経済依存景気

　2006年1月18日、ライブドア社に強制捜査がはいりました。この日夕方のニュースで、六本木ヒルズに東京地検の検査部隊が入っている姿が映し出されていました。その後のニュースで、ライブドア社が証券取引法違反容疑で強制捜査を受けている、ということでした。それまでライブドア社は、証券取引システムの隙をついて、株式分割を繰り返して時価総額を上げるようなことを繰り返していました。

　翌朝8時頃に、ライブドア社の堀江社長も記者会見をしました。彼らのIRサイトでも、「証券取引法に違反するような行為はみあたらない」というような情報がでていました。結局大量の売りをこなせず、当日はストップ安売り気配で終えたのでした。同社株は2000年2月のITバブルの終焉となったソフトバンクや光通信の株価を思いださせるような連続ストップ安状態になったのです。

　ライブドア株に関しては、8000円から実際に値段がついた約800円まで毎日のようにストップ安売り気配が続き、ライブドア株の投資家は損切りもできないような状況が数日間続きました。この銘柄に投資していた個人投資家も多く、大きな痛手を負うことになりました。この事件で新興株が全般的に売られる相場環境となり、2004年後半から続いた新興成長株相場は終焉しました。

　2006年の年央から、世界的に鉱物資源高が発生していきます。

2006 年〜2007 年　週足チャート（日経平均）

　中国経済が立ち上がり始めて、爆食経済と呼ばれ発展中であった
中国経済が、世界経済をけん引するようになります。建設資材と
なる鉄鋼株などが大きく上がり始める相場が始まりました。新日
鉄や神戸製鋼の株価が大きく上昇し始める相場が開始されました。

　日経平均もライブドアショックで、1 万6000円台から 1 万4000
円台まで調整していましたが、鉄鋼株などの株価大幅上昇で、
2007年 7 月には 1 万8000円台まで上昇していきます。新日鉄の株
価は、200円台から最高で900円台まで上昇していました。

　2005年に米国FRBが利上げし始めて、世界的な景気の拡大もあ
り、先進国はすべて利上げの方向へと動いていました。日銀の利
上げは先進国の中では最後の動きでした。日銀は日経平均の上昇
や景気の回復をみて、2006年 8 月に量的緩和を終了させて、利上
げに入るという金融引締めへと方向転換しました。2007年 3 月に

は、0.75％まで誘導金利水準を引き上げていました。

　　政府：消極的な財政支出。財政支出削減のために社会保険料の
　　　　　値上げ等が続いた。
　　日銀：量的緩和中止。ゼロ金利を解除して0.75％まで利上げ。
　　日経平均：約1万8000円台まで上昇後約1万4000円台に下落。

7.3) 2008年～2009年　サブプライム問題からリーマンショック、その後の大不況へ

　2008年1月頃に入り米国のサブプライムローン問題が顕在化してくるようになりました。米国市場も天井を打った感じの相場になってきました。この頃は、米国が利上げを3回以上して、景気を抑える材料になった時期でした。

　日本市場にも不安感が漂うような雰囲気に変化してきます。2008年に北京オリンピックを控えた中国株市場も大きく崩れだしたのです。2007年7月まで、日経平均は1万8000円台を維持していましたが、それから半年もたたずに1万5000円を割れて1万3000円台まで暴落しました。

　2007年8月頃から、米国でサブプライムローンの焦げ付きが大きな問題になっているというようなニュースが聞かれるようになりました。2003年以降、低金利が続いていた米国での不動産投資ブームが終焉を迎えようとしていたのです。2005年からの米国

2008 年〜2009 年　週足チャート（日経平均）

FRBの利上げなどの影響で、不動産担保ローンを返済できない人
が増えていたのです。

　2008年になり、サブプライムローン問題などで、ホームレスに
なる人が増えているというような報道が目立つようになりました。
また、NYダウなどの米国株のチャートをみても完全なベア相場
になってきていました。

　このような状況下、米国の証券会社ベアスターンズ社が破綻し
そうだというニュースが飛び込んできたのが、2008年3月でした。
結局この会社は、JPモルガン銀行に救済合併されました。この
会社は当時、銀行のサブプライムローンを含む住宅ローンの証券
化を主業務としており、健全な証券会社と呼ばれていたのですが、
サブプライムローン問題も顕在化で一気に業績が悪化し米国FRB
の主導のもと救済合併が行われたのです。

　米国FRB主導によるベアスターンズ社の救済合併によって、米国株式市場も少し落ち着きを取り戻したのですが、その後もサブプライムローン関係の問題がどんどん深刻化していくことになります。こうした問題は短期的に解決するものではありません。

　この頃から、米国FRBも利下げ方向へ動くことになりました。金融市場の悪化を受けて、実態経済も悪化してきたのです。2003年から続いた米国の不動産ブームも終焉を迎えることになりました。米国の場合は、ITバブルから同時多発テロが起きて、株式市場が壊滅的な打撃を受けたのです。しかしながら、投資家は米国が低金利になっていたところに目をつけて、積極的に不動産投資をするようになっていたのです。

　2006年頃から不動産バブルの崩壊が米国経済にも大きな影響を与えることになったのです。当時の米国FRBグリーンスパン議長なども、不動産バブル崩壊の対処を急ぐようになっていました。彼は、日本の1990年代のバブル崩壊から金融機関に発生した金融恐慌を目の辺りにしていることもあり、FRBの動きにはすばやいものがありました。

　しばらくして、米国株式市場は次に危ない投資銀行（米国の証券会社）はどこかというような問題に波及するようになりました。2008年5月頃には、カリフォルニア州などで、サブプライムローンの不払いで家を追い出されたホームレスの町ができるようになります。住宅ローンの支払いができなくなり、ホームレス化した米国の低所得者が公園や広い空き地でキャンプのような生活をす

るようになっている姿が報道されるようになっていました。

　この頃、まだ米国のリーマン・ブラザーズ（リーマン証券）の格付けは「Ａ」という投資適格格付けを維持していたのですが、次第に信用不安が高まってくるようになります。世界中の金融機関も、米国の投資銀行相手のデリバティブ取引を控えるようになってきたのです。相手のデフォルトによって、こちらも損をする可能性が高いということで、一気に金融収縮が始まったのでした。

　この年の８月には、米国FRBを中心にリーマン証券を救済するような動きがあったのです。しかしながら、米国議会側から、なぜサブプライムローンを助長した悪の権化のような証券会社を救済するかというような横槍が入るようになったのです。グリーンスパンFRB議長は、リーマン証券を救済する方向で動いていたようですが、最終的には政治家の意思が尊重されて、リーマン証券の破たん処理が実行されるようになったのです。これが、2008年９月20日でした。日本のテレビでもリーマン証券のNY本社が映し出されて、同社の社員が自分の備品を入れた箱を抱えて、会社から出て行く姿を映し出していました。

　リーマン証券は、デリバティブ取引などで世界中の金融機関に対して80兆円以上もの債務があったかことから、リーマン証券の破綻の影響が世界中に広まることになります。これによって世界中の金融機関が、信用不安に陥ることになったのです。世界中の株式市場は大きく売られていきました。

　次に、世界中の金融機関とデリバティブ取引をしていたAIGと

いう保険会社も倒産の危機にたたされていました。AIGは、リーマンショック前までは、AAという高格付けを維持していたのですが、リーマンショックで一気に倒産するというような噂が流れていたのです。

　さすがにリーマン証券を潰して、世界経済にも大きな影響がでていたので、米国の議員などもFRBの意向に従って、AIGは潰さないという方針に転換したのです。そのほか、米国のすべての投資銀行が信用不安に襲われました。当時収益面でトップであったゴールドマンサックスや2位のモルガンスタンレー、3位のメリルリンチなどもかなり危険な状況になっていたのです。

　結局、メリルリンチ社は、FRB主導で大手銀行グループのバンクオブアメリカに吸収合併されました。上位2つの証券会社は、FRBの指示に従い銀行のライセンスを取り、FRBからの潤沢な資金供給によって救われました。しかしながら、モルガンスタンレーは、結局日本の三菱UFJフィナンシャル・グループの出資を仰いで、このグループの傘下証券会社になりました。一方で、ゴールドマンサックス証券は、米国の名高い投資家であったウォーレン・バフェット氏の運用するファンドからの出資を受けて再生を図ることになったのです。

　グリーンスパン氏もリーマン証券を破綻させたのは間違いだったと後の回顧録で述べています。それくらい世界経済にも大きな影響を与えた事件となったのです。

　日本もNYダウの暴落が影響するようになっていました。すで

に日経平均は、1万2000円を割り込む水準になっており、一気に1万円も割り込んで8000円台まで暴落しました。

　リーマンショック以降、日本でも不動産市場などがおかしくなり始めます。少子高齢化が進み、日本の人口が戦後始めて減少に転じたのもこの頃でした。それまで積極的に不動産開発をしていた不動産業者がどんどん倒産し始めていました。その止めを刺したのがリーマンショックによる銀行の貸し渋りでした。

　日本でも信用不安で金融機関が不動産会社などにお金を貸さなくなったことから、不動産市場がおかしくなっていきました。日本版サブプライムローン問題などという人まででてきたのです。結局は、リーマンショックによる「金融の収縮」が日本にも及び、日本の金融機関もお金を貸せなくなっていたのです。

　このリーマンショックの影響は、日本企業の業績にも大きな影響を与えることになります。特に、米国で高額消費財である自動車などはお金を借りて買うものなので、ファイナンスがつかなくなると一気に買い手がいなくなりました。2008年3月期にTOYOTAは当時の史上最高益を記録していましたが、翌年の2009年3月期には、一気に赤字に陥ってしまいました。

　このような状況は、米国の企業の業績にも大きく影響しました。リーマンショックから2カ月後くらいに、世界は1930年代に経験した百年に一度の大不況のような状況になりました。その頃から米国FRBは日銀をまねて「量的緩和」という手法を用いるようになりました。

　世界各国は、自国経済を維持するために、急激に利下げを行う
ようになりました。経済状況は大きく悪化していたので、いまさ
ら金利を下げても大きな効果はありませんでした。日本円もどん
どん高くなっていきました。2007年には、120円台であった米ド
ルは、100円を割りこむ状況になりました。日経平均も円高を嫌
気して、1万円台を割り込み、リーマンショック直後には瞬間的
に6000円台まで下落しました。

　リーマンショックは、日本の実体経済にも大きな影響を及ぼ
し、2009年3月期の決算は上場している大企業も含めて大半の企
業が赤字を計上するような不景気に見舞われました。日本政府は
史上初めて国民に給付金を出すような財政支出を行いました。ま
た、日銀も2009年1月から量的緩和を伴う金融緩和を行うように
なりました。そのような経済状況を反映して、日経平均は8000円
台〜1万円台程度のレンジで推移することになりました。加えて、
2009年8月には政権交代が起こり、民主党政権となりました。

　政府：景気対策としての給付金などで財政支出増加。
　日銀：0.75％まで利上げ後、2009年1月からゼロ金利まで利下
　　　　げして、再び量的緩和開始。
　日経平均：約1万4000円台からリーマンショック時、瞬間的に
　　　　　　6000円台まで大暴落。その後8000円台前後に戻す。
　当時躍進した成長銘柄：サイバーエージェント（消費者参加型
　　SNS型サイト）、DeNA（携帯電話ゲーム）

2000年 4 月〜2001年 3 月：景気後退幼年期
2001年 4 月〜2002年 2 月：景気後退青年期
2002年 3 月〜2003年 5 月：景気後退壮年期

2003年 6 月〜2005年 5 月：景気拡大幼年期
2005年 6 月〜2006年 1 月：景気拡大青年期
2006年 2 月〜2007年 7 月：景気拡大壮年期

2007年 8 月〜2008年 3 月：景気後退幼年期
2008年 4 月〜2008年 8 月：景気後退青年期
2008年 9 月〜2009年 3 月：景気後退壮年期

第8章 2010年〜2020年　円高から東日本大震災、アベノミクスへ

　リーマンショック後、金融恐慌的な不景気が世界中に伝播していった時期でした。世界各国の政府は、個人への給付金配布などで財政支出を増やし、中央銀行は金利を当時の史上最低レベルまで下げた上に、量的緩和を行うような時代になっていました。

　税収が半減している政府の財政状況を危惧した財務省は、増税路線へ走ろうとします。それも税収が安定した消費税増税を進めようとしました。野田首相の民主党政権下で、消費税増税の倍増をコミットさせました。消費税を5％から10％まで段階的に引き上げるということでした。また、東日本大震災の復興資金を回収するために、震災税なるものを創設しています。

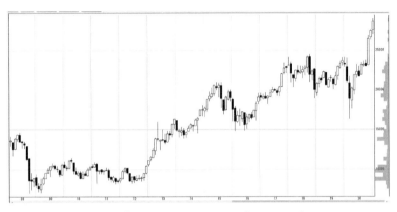

日経平均月足チャート　2008年〜2020年

　2012年12月の総選挙で自民党が大勝して、第二次安倍政権が誕生しました。安倍首相はリフレ政策をメインとする「アベノミクス」という経済政策を進めていきます。2013年4月には日銀には

黒田総裁が就任して、大胆な超々量的緩和を推進していくことになりました。リフレ効果は、経済の改善に大きく寄与していくことになります。

8.1) 2010年〜2012年 ユーロ債務問題から東日本大震災・原発事故と超円高不況

　2010年に入り、日本経済もリーマンショックからの立ち直りを見せていました。日経平均は、8000円〜9000円台という状況でした。

　2010年頃から中国を中心とする新興国で、自動車ブームになってきていたのです。当時のレポートで、これまで年間約2000万台の自動車が世界で売れていたものが、新興国での自動車需要の増加もあり、数年後には約２倍の4000万台以上の自動車需要になるというものでした。それまでは、自動車産業はどちらかといえば、成熟産業で市場のシェアを奪いあうような状況であったものが、発展途上国の自動車需要で一変することになるのです。自動車産業が再び成長産業に大変身を遂げたのです。

　2010年の５月には、為替市場と株式市場で信じられないような事象が発生します。通貨ユーロが、ギリシャの国家債務返済問題で行き詰ったのです。ギリシャは、ユーロ各国の中では経済規模かなり小さい国ですが、そこの債務問題が金融市場に大きな波紋を投げかけることになったのです。金融市場では、ギリシャ債務問題に異様な反応をしていました。まず、ユーロ／円は、一晩で

2010 年〜2012 年　週足チャート（日経平均）

10円以上動いたのです。

　加えて、ニューヨーク市場でも個別銘柄が50％以上急落するような異常な事象が発生。ストップ安のないNY市場では、大きな問題になりました。一晩で、すべてのマージン取引口座が担保不足に襲われるようなことが発生していたのです。

　その後、2011年３月11日に東日本大震災が発生しました。

　大震災の翌日には、テレビで福島第一原発の原子炉の冷却ができないという状況に陥っていることが判明しています。

　テレビで、当時の菅直人首相などの対応をみていたのですが、政府の原発事故での混乱振りがよくわかりました。その後、原発のメルトダウンで大きく状況が変化します。大震災の被害だけではなく、原発のメルトダウンという未曾有の事故の影響という新たな要素が加わったからです。土曜日の午後には原子炉の水素爆

発が発生して、政府も東電も原発の暴走を止められないことが確定的になっていたからです。

　翌月曜日には福島第一原発の３号機が水蒸気爆発を起こしました。たまたまテレビでも映し出されていたのですが、この時に「これはかなりヤバイ」と感じました。実際に、動いていた日経平均先物は、この爆発イベントで一気に急落したのです。当時政府は、また水素爆発が起こったというような大本営発表をしていましたが、海外のメディアでは、核爆発（nuclear explosion）が発生したという報道がなされていたのを記憶しています。

　株式市場は更なる大混乱を起こすようになります。阪神淡路大震災では日経平均の下落は1000円程度で終わったのですが、大震災とこの原発事故によって日経平均は2000円以上もの大暴落をすることになります。短期間の下落としては、1987年10月のブラック・マンデーの暴落を上回るようになったのです。

　2011年８月になると、当時の原発事故に関する政府への対応などについての大きな話題となっていました。野党が当時の与党・民主党などに対して、激しい攻撃をしていたのでした。夏になっても、株価は低迷したままでした。日本の大手企業の業績予想もこの頃から下方修正が続くようになり、TOYOTAなどは、かんばん方式の屋台骨である部品などのサプライチェーンの崩壊で、自動車生産が大きく下方修正されました。

　この頃には円高も定着していました。東日本大震災の直後は、G7諸国が被災した日本のために協調介入をして円安になりまし

たが、その後は再び米国経済などが低調で米国FRBも量的緩和を継続していたのですが、日銀の量的緩和が足りない状況で円高になったのでした。また、当時の民主党政権は、政府として円高や株安にはあまり興味を示さなかったことが大きな要因だとも言われています。政府は為替市場への介入をしたりはしていましたが、市場介入くらいでは効果はほとんどありませんでした。

　東日本大震災以降、日本は大きく変わることになります。原発廃止を唱える人が増えたこともあり、原発はすべて非稼動状況にあります。おそらく、よっぽどのことがない限り、しばらくは日本全国の原発を稼動させることは難しくなると想定しています。

　2012年以降は、東日本大震災の被害も癒えてそれなりに日本経済も戻ってきていました。しかしながら、日本と中国や米国との関係はギクシャクしたままでした。石原慎太郎東京都知事が、尖閣諸島を東京都が買うというような話を出してから米国も日本向きに変わってきたのです。民主党政権になってから、小沢一郎氏が100人以上の国会議員を連れて、中国へいったことが米国には癪に障っていたのです。

　この石原都知事の動きから、日本の姿勢は大きく米国重視の方向に転換しました。やはり、米国のいうことを聞かないと、日本は独立を守れないかもしれないのです。環太平洋貿易自由化協定（TPP）や集団的自衛権の問題も米国から突きつけられたものだと思って間違いないようです。

　2009年秋からの民主党政権下では、円高は放置されるような状

況になりました。米国はどんどん金融緩和を行っていましたが、日本は日銀がリーマンショックの原因を起こしたのは、日銀の量的緩和が遠因であるというような結論を下していたこともあり、金融緩和を渋っていたのです。また、どちらかといえば民主党政権が官僚のリストラ（人員削減）などで、日銀とも対立していたことも影響していた可能性もありそうです。

　　政府：東日本大震災に対する経済対策で財政支出を増やしたが
　　　　　それに伴う増税も実施した。
　　日銀：2009年1月から利下げして再び量的緩和開始。但し量的
　　　　　緩和の規模は米国FRB比で小さい。
　　日経平均：約8000円～約1万円までのレンジ相場。
　　当時躍進した成長銘柄：オービック（統合型業務システム）、モノ
　　　　　タロウ（資材専門インターネットモール）、エムスリー（医療
　　　　　特化型ポータルサイト）、JINS（SAP型メガネ販売）

8.2) 2013年～2016年　アベノミクスの開始からのリフレ政策と増税のはざまで

　2009年～2013年までの約4年間で、東日本大震災や超円高などもあり、日本の産業の空洞化はかなり進んだような気がします。また、日本の少子高齢化の影響は、2010年以降経済的にも大きな影響を及ぼすようになっていました。2013年には、すべての団塊

2013 年～2016 年　週足チャート（日経平均）

　の世代が65歳以上になり、年金支給年齢を迎えて、年金支出や医
療費支出が大きく増えていました。

　コンクリートから人へというスローガンで政権を奪取した民主
党政権の人気は暴落して、2012年12月に安倍自民党へと政権交代
が起こることになりました。

　2013年1月から安倍内閣のアベノミクス＝リフレ政策への期待
もあり、日経平均は1万3000円台まで瞬時に上昇しました。また、
米ドルも80円台から急速に円安になり100円台まで戻していまし
た。黒田日銀総裁は同年4月の就任直後に、年率2％のインフレ
を実現するために大胆なリフレ政策を実行したのです。黒田日銀
は、金融市場などから国債を買い続けて、日銀の当座預金を異常
なくらいに増やしていきました。2013年4月に日銀総裁が黒田総
裁に交代してから、量的緩和の規模は4倍程度に拡大されました。

　アベノミクスが開始されて、１年も経たないうちに日経平均は、約１万5000円台まで上昇しています。しかし、安倍首相が政権交代時に約束していた消費税増税が2014年４月から実施されました。その影響からか日経平均は１万5000円前後の値動きとなっていました。但し、円安が進んだこともあり、輸出関連企業の業績が大きく回復したことなどから多くの企業が黒字化を果たすようになりました。同年10月には日銀の黒田総裁が更なる量的緩和を発表して日経平均は、2015年５月には、2000年以来の２万円台を回復することになりました。この頃には、上場企業では赤字企業がほとんどなくなりました。

　隣国で経済関係が深くなった中国経済はバブル化していました。2015年８月に日本でも懸念されていた中国経済のバブルがはじけて、「チャイナショック」が発生し日経平均は暴落していきます。2016年末には日経平均が約１万5000円台まで下げています。

　政府：平時の景気対策程度に留まる。但し法人税減税と消費税
　　　　増税や社会保険料増額で緊縮財政続く。
　日銀：量的緩和の規模を約４倍以上まで拡大。
　日経平均：約１万円から約２万円まで大きく上昇後暴落。
　当時躍進した成長銘柄：DIP（雇用特化型ポータルサイト）、
　　　　日本M&Aセンター（企業M&A媒介業）

8.3）2016年〜2018年　マイナス金利導入と消費税増税のブレーキ効果

2015年８月に起こったチャイナショック以降、日本企業の業績の悪化が懸念されるようになりました。コマツなど中国への輸出関連企業の業績の悪化が懸念される状況となったためです。ここで日銀の黒田総裁が動き出します。2016年１月に日本初のマイナス金利の導入と量的緩和規模を三度目の拡大をしたのです。しかし、政府は相変わらず消費税増税論議に明け暮れていました。

日経平均は2015年８月に２万円台を割った後、イギリスのユーロからの離脱が決まった2016年６月には、１万5000円台を割るレベルまで売り込まれています。その際、日本の景気の減速を懸念した安倍首相は消費税増税の２年延期を決めました。

2016年11月に米国大統領選挙で、トランプ大統領の当選が確定後、日経平均は上昇相場に転じています。2018年１月には当時のバブル崩壊後の最高値２万4000円台をつけています。2017年頃からは日本の実態経済も大きく回復して、東京や大阪の繁華街が大きく賑わうようになっていました。また、この頃から中小企業も儲かるようになり、「節税対策」商品が飛ぶように売れるようになっていました。

2017年12月頃から不動産投資においても異変が起こるようになっています。当時シェアハウス投資がブームとなっていましたが、それが「かぼちゃの馬車」という融資審査書類などの偽造事件に

2016 年〜201 8 年　週足チャート（日経平均）

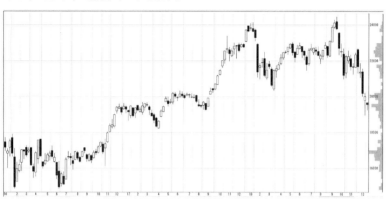

　発展しています。シェアハウスの販売に加担した不動産会社や融
資を積極的に推進していたスルガ銀行の融資姿勢が、社会問題化
したのです。ついにはスルガ銀行のオーナーであった頭取は責任
をとって辞任した上に、この頭取一族が保有していたスルガ銀行
の株式は、全部関係のない企業へ譲渡されています。

　このあたりから不動産投資関連銘柄の値動きがおかしくなり、
不正融資に加担していた上場会社TETERUなどの株価も大きく
下落して、同社についてはビジネスモデル自体が崩壊して株価も
低迷が続いています。

　結果的には、日銀などの指導もあり、銀行や金融機関は不動産
投資家への融資がほとんどできなくなり、実質的な金融引き締め
効果を生んだ時期が、2018年1月頃でした。この時期に、日経平
均の大天井を形成したのではないかと考えられます。日銀の指導

による金融引き締め効果があったということかもしれません。また、この頃から日銀は国債の買入れ額を少しずつ減らしていたということも明らかになっています。

　この後、2018年10月に日経平均は再び2万4000円台を回復して、東証株価指数TOPIXは日経平均に遅れてこの時期にバブル崩壊後の高値を付けています。

　　政府：平時の景気対策程度に留まる。但し法人税減税や社会保
　　　　　険料増額を実施。

　　日銀：マイナス金利導入と量的緩和の規模を再拡大。

　　日経平均：約1万5000円から約2万4000円まで上昇後下落へ。

　　当時躍進した成長銘柄：レーザーテック（半導体製造装置関連）

8.4) 2019年〜2020年　上昇相場からパンデミック暴落へ

　2019年は、フラッシュクラッシュという瞬間的な暴落相場から始まりました。日経平均も円高となったことから瞬間的に2万円を割るような値動きになりました。日銀は日経平均の下落をみて、減らしていた国債などの買入れ額を増やし始めました。その効果が現れてきたのか、日経平均は2019年8月頃に底を打って上昇に転じるようになりました。但し、2019年10月からの消費税増税で、輸出関連銘柄の多い日経平均は上昇しても、内需関連銘柄の多いTOPIXは下落していくような値動きとなりました。以降、日経平均とTOPIXとのNT倍率と呼ばれる指数間の格差はどんどん拡

2019年～2020年週足チャート（日経平均）

大していきました。

　2019年10月から上昇相場に転じた株式市場ですが、新興株を中心とする銘柄を中心に相場が形成されるようになりました。しかしながら、2020年3月には新型コロナウイルスによるパンデミックショックで、日経平均は2万2000円台から1万6000円台まで大暴落することになりました。パンデミックによる外出禁止や外国との人の往来制限をしたことなどで、世界中の国の経済に悪影響を与えました。

　その後、米国を中心に非常に巨大な経済対策と金融緩和措置が行われるようになりました。米国は給付金や賃金保証のような形式で400兆円以上の資金を国民に配っています。日本では合計で200兆円以上の大規模経済対策を実行し、一人当たり10万円というリーマンショック時の5倍程度の給付金が国民に配られていま

東証一部の時価総額のチャート

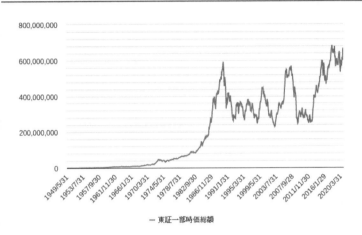

― 東証一部時価総額

「東京マーケットデータ」より

す。また、両国ともこれらの経済対策に加えて巨額の第3次経済
対策を画策していいます。

　東証マザーズ指数も3年ぶりに1000ポイントを超えてきて、
2020年10月には、1300ポイントくらいまで上昇していました。
2020年3月のパンデミックショック時の安値約600ポイントから
マザーズ指数は、2倍以上になりました。実際に、IPO直後の銘
柄やSaaSと呼ばれる今後期待がもてる中小型株成長株中心の相
場付きとなりました。

　日経平均は2020年3月の1万6000円台の大底から、2020年年末
には2万7000万円を超えるレベルまで上昇して大納会を迎えてい

ます。約30年ぶりの高値の領域ですが、1989年の史上最高値時の日経平均のPER60倍程度とは異なり、日経平均のPERは25倍程度、PBRも1.2倍程度とさほど割高感のないレベルです。また、東証一部の時価総額は上場株の銘柄数が1989年比で倍増していることもあり、すでに1989年の東証一部の時価総額約600兆円を超えて、700兆円に迫る勢いとなっています。

■景気の変動
2009年４月～2014年５月：景気拡大幼年期
2014年６月～2016年10月：景気拡大青年期
2016年11月～2018年１月：景気拡大壮年期
2018年２月～2018年12月：景気後退幼年期
2019年１月～2019年８月：景気後退青年期
2019年９月～2020年３月：景気後退壮年期
2020年４月～2020年11月：景気拡大幼年期

2020年12月～　　　　　：景気拡大青年期？

第3部

今後の見通しと総括

第９章　2021年以降の景気と投資

9.1）基本的な想定

　下記のような想定シナリオであり、消費者物価指数は、2020年
と比較して約10％の上昇を想定しています。

物価上昇率

年度	2021年	2022年	2023年	2024年	2025年
物価上昇率	0.5％	0.5％	1.0％	1.0％	1.5％
物価指数*	102.7	103.8	105.9	108.0	111.3

*2015年＝100とする。

政府の財政支出増減と日銀の金融政策

	2021年	2022年	2023年	2024年	2025年
政府財政	拡大 ↑↑	拡大 ↑↑	拡大 ↑	拡大 ↑	横ばい→
日銀	緩和拡大 ↑	緩和拡大 ↑	緩和拡大 ↑	緩和 横ばい→	緩和 横ばい→

1980 年～2025 年の消費者物価（2020 年は IMF 推計値、2021 年以降は想定値）

9.2）2021年から2025年の日経平均の想定

　日経平均は、2020年末の大納会で30年ぶりの２万7000円台の高値で引けました。その後2021年１月中旬には２万8000円台まで上昇しています。政府による第３次経済対策や米国の巨額経済対策への期待感から大きく上げているのかもしれません。

　日経平均については以下のような想定をしています。

日経平均1980年から2025年の株価推移と景気、政府財政政策と日銀金融政策の変遷と想定

日経平均年足チャート 1980年〜2025年

景気	インフレ経済・資産バブル期		デフレ停滞経済・資産デフレ期						緩やかなインフレ期	
財政	財政支出拡大期		縮小		拡大		縮小		財政拡大期	
日銀	金融緩和期	引締め	緩和	縮小	引締め	緩和 & 量的緩和		縮小	量的緩和拡大	
信用	拡大	引締め	縮小	拡大		拡大	縮小	縮小	拡大	

← 事実　　　　　　　　　　　　　　　　想定 →

	2021年	2022年	2023年	2024年	2025年	平均 上昇率
日経平均	30000円	33000円	39000円	43000円	50000円	
上昇率	7%	10%	18%	10%	16%	12.2%

景気拡大青年期　2021年4月〜2022年10月

景気拡大壮年期　2022年11月〜2025年2月

景気下降幼年期　2025年3月くらいから

　2020年11月には、ロンドンを中心に新型コロナウイルスの変異種が見つかり、ヨーロッパを中心に、再び世界各国で非常事態宣言が出されました。ロンドンなどの大都市のロックダウンが続くようになってきています。いつ収まるのかわからなくなってきたパンデミック状況。2020年開催予定が2021年に延期された東京オリンピックの開催も危ぶまれる状況となってきています。また、日本でも新型コロナウイルスの感染者が増えてきており、再び東京を中心に非常事態宣言が発令される状況となりました。

　このような状況下で、政府の大規模な財政支出と日銀の量的緩和が、あと数年続く可能性が高くなってきています。結果的に世界中でお金余り状況が、数年は続くということです。こうなってくると、世界中で株高と不動産高が続く可能性が高くなります。

9.3）株式投資への示唆

　この書籍の主題でもある日経平均が5万円になる時代がきます。

　今後の日経平均が3万円を超えて以降、2022年頃から日本の実態景気も立ち上がり始めると想定しています。それまでに日本政府は財政支出を出し続けて、日銀も量的緩和を続けざるを得ない状況が続くでしょう。それでもなかなか緩やかなインフレは起こらない。やはり2019年10月の消費税増税の悪影響が2年くらい続く可能性があるからです。2023年頃に景気が回復基調になってから、日本経済も「緩やかなインフレ」となっていきます。

　また、すでにNYダウは史上最高値の3万ドルを超えてきています。今後、バイデン政権になり更に財政支出を増やしていく可能性が高く、NYダウの史上最高値更新が続くと思われます。日経平均も、米国株高と世界中の金余り資金に支えられる相場が続くことが想定されます。但し、日米の中央銀行による量的緩和が止まるないしは減額されるような局面になると、一時的な株式市場の暴落もあり得ます。そのような場合でも日銀だけは、量的緩和を継続することになると想定しています。

　米中の貿易戦争の激化などから、そのはざまで漁夫の利を得る日本の製造業が復活していくシナリオもあります。2022年頃には、日本企業の業績も伸びていき日経平均3万円が定着していくことを想定しています。その後は、世界景気の回復や新興超大国であるインドの経済が、2020年代中ごろから本格的な立ち上がりなども想定されます。2024年くらいには、日経平均が4万円の史上最高値を更新する時代がくるのです。2021年から2度程度の暴落の紆余曲折を経て、2025年頃には日経平均が5万円に到達するとい

うシナリオです。

　上記のような相場シナリオの中で、個人投資家がどのような方法で投資資産を増やしていくかについて繰り返し述べておきます。

1 ）日経平均やTOPIXに連動する投資信託を毎月一定額購入する。10年単位の投資として、一時的な暴落局面でも売らないようにする。

2 ）個別銘柄投資をする際には、独自のビジネスモデルや成長期の銘柄に投資する。あるいは、独占的にビジネスを行っている大会社へ投資をする。

3 ）各景気局面で株価が上がる可能性が高い分類の株（新興株、成長株、バリュー株や優待株）への投資を行う。投資ポートフォリオも各景気局面でポートフォリオの銘柄を少しずつ入れ替えていく。

4 ）30代〜40代の比較的若い個人投資家であれば、投資資金の50％をインデックス積立投資、残りの50％程度で数銘柄のポートフォリオ投資をする。個別銘柄のパフォーマンスに大きく依存するような偏ったものにしないほうがよいと思われます。

5 ）50代から60歳以上の引退世代については、年齢が75歳くらいになるまで積立インデックス投資を継続するほうがいいかもしれません。資金の必要性に応じてインデックス投資を解約しながら生活をして、投資は継続する方法になります。

9.4）不動産投資への示唆

A）インフレ国の不動産価格

　世界的にみてもインフレが発生している国の不動産価格は、以下の通り価格上昇が続いています。日本以外の先進国においては顕著なトレンドです。リーマンショック前後に不動産バブルが崩壊した国もありますが、それでも日本のように1990年のバブル崩壊以降の下げトレンドが続いている国はありません。

　本書でも第3章のニュージーランドの不動産価格を紹介している通り、1990年以降の緩やかなインフレ経済下で、不動産価格は大きく上昇しています。

　日本においては、地方都市の戸建て住宅価格の低迷が続いており、アベノミクス開始以降も総合的な住宅価格指数は低迷が続いています。但し、アベノミクス開始以降2018年まで東京の湾岸地区や都心三区（港区、中央区、千代田区）のマンション価格は値上がりが続いていました。また、現在、リモートワークなどの普及もあり、中古マンション価格の上昇は、五大都市圏（東京、横浜、名古屋、大阪、福岡）の周辺まで広がるようになっています。このような傾向は、京都市、静岡市や広島市のような五大都市圏以外の都市へも広がっていくことが想定されます。加えて、地方都市でもマンション価格が割高になってくれば戸建て価格も上昇していくことが想定されます。インフレ政策ではお金の価値が下がるので、不動産価値も上がるという状況が、今後数年で進んで

いくことを想定しています。

　パンデミック不況下においても、東京駅から半径15ｋｍくらいのマンション価格の上昇が続いています。不動産業者のブログをみていると、これからは東京中心部から半径30ｋｍ圏（東京外環自動車道の近辺まで）まで広がりをみせる勢いとなっています。

Ｂ）東京中心部のマンション価格の高騰

　東京都心中央の20坪のマンション価格は、概ね以下のような相場で推移しています。

　2013年以降のアベノミクス開始以降は、超量的緩和によるリフレで価格上昇していたものが、最近は建築費の高騰などから、中古マンションの価格上昇の大きな要因となってきているようです。また、2018年に安倍政権下で事実上の移民政策が認められて、必要な青年労働力は海外から輸入する方向性に転換していることも影響しています。働き口（雇用機会）の多い東京都心部は、人口も緩やかに増加していくことが想定されます。加えて、居住用また投資用不動産の価格は、金余りで引き続き価格が上昇することが想定されています。

また、しばらくはパンデミック不況によってテナントが埋まらないような投資物件でも買いたいという需要は強く、不動産の価格上昇が続いています。但し、実体経済の回復が見込まれる2022年くらいから空室率も改善されることが想定されています。

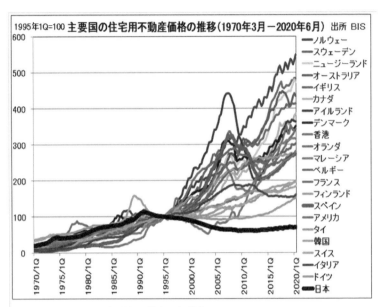

主要国の住宅価格（現地通貨建て価格）
「アダム・スミス2世」ブログより

C）投資用不動産

　不動産投資については、投資用不動産での投資がメインとなり
ますが、2025年頃には、全般的に現在よりも20％以上の価格上昇
を想定しています。ニュージーランドの私の経験では、物価上昇
率の2倍〜3倍程度不動産の価格が値上がりするというイメージ
があります。例えば、今後5年間のインフレで消費者物価指数が
10％上昇すれば、2021年年初に5000万円の投資物件は、2025年頃
に20％〜30％値上がりします。20％値上がりすれば6000万円（5000

万円×120％）、30％値上がりすれば、6500万円（5000万円×130％）
程度になります。但し、すでに先進国の大都市の価格レベルに到
達している東京の湾岸や都心三区の高級物件については、既にグ
ロス利回りが4％台となっており、投資対象としては不適格かも
しれません。

　大手不動産業者のレポートをみると、東京圏ではマンション価
格の高騰は東京駅や新宿駅などのターミナル駅から30分以内の通
勤圏（ターミナル駅から半径10km程度）まで価格上昇が拡がって
きており、今後は、ターミナル駅まで1時間程度（ターミナル駅
から半径20km程度）の通勤圏のマンション価格の上昇も見込まれ
ています。その後も波紋が広がるように首都圏全般的にマンショ
ン価格が上昇するようになるかもしれません。

D）インカムゲインからキャピタルゲイン狙いの不動産投資へ

　東京都心の投資用不動産は、グロス利回りも6％を割るような
価格でも売れるようになってきています。日本政府の緊急融資や
給付金がばらまかれたことによって、大きな金余り現象がみられ
るようになっているからです。2018年の「かぼちゃの馬車事件」
以来、引き締まっていた投資用不動産ローンの貸し手も増えてい
ます。また投資家も潤沢な手元資金があり、グロス利回りが6％
でも、取得価格の40％の頭金がだせる投資家だと、残りの60％部
分のローンがひけるようになってきました。

　東京都下の新築木造投資物件のグロス利回りが5％台となって

東京都心部のマンション価格イメージ図（単位　万円）

（東京で親子2代にわたり営んでいる不動産業者からの聞き取り坪単価をもとに作成。）

きており、約20年の耐用年数を勘案するとインカムゲインは明ら
かにマイナスになってきます。しかしながら、5000万円で買った
ものが、数年後に取得額の120％の6000万円で処分できるように
なるとすれば、キャピタルゲイン（値上がり益）で儲けるような
不動産投資に変化していきそうです。東京都港区の高層マンシ
ョンの家賃は、60平米で月30万円程度の家賃収入が期待できます。
毎月の管理費などを控除すると、ネット利回りは４％台にしかな
りません。それでも銀行に預けているよりはいいという判断で、
不動産投資をしているオーナーが多いという話を聞いています。
　日本でも緩やかなインフレ期が継続すれば、10年後の2030年頃

の不動産投資は、インカムゲイン狙いからキャピタルゲインを狙う不動産投資に変化するかもしれません。不動産投資をする際にも、このような不動産収益のあげ方の変化に対応した投資家が成功するものと想定されます。

　上記のような状況として、個人の投資家として自宅を含めた不動産投資をどうするかについてコメントをしておきます。

1）緩やかなインフレでも家賃上昇が想定されるので、現在の超低金利を利用して、1時間程度の通勤圏に自宅を買っておく。できるだけ長期の固定金利の住宅ローンを借りる。例えば、「フラット35」のような固定金利ローン。

2）投資用不動産については、5年後、10年後のキャピタルゲインも含めて、総合利回りを計算して投資をする。単身者向けの投資物件は避けて、居住年数が単身向けよりも長い家族向けの投資物件に投資をする。できれば、各都市の中心部へ公共交通機関を使って、一時間以内に通勤できる場所の物件を選ぶ。

3）節税効果をうたうような投資物件は避けて、ローンの返済と収支が合うような不動産に投資をして、将来的なキャピタルゲイン狙いの投資をする。

■付録　投資の参考にしている書籍

１．経済理論について

①岩田規久男『なぜデフレを放置してはいけないか』(PHP新書)

②望月慎『MMT［現代貨幣理論］がよくわかる本』（秀和システム）

③上念司『経済で読み解く日本の歴史』（飛鳥新社）

２．成長株投資について

①ウィリアム・オニール『オニールの成長株発掘法』（パンローリング）

②ギル・モラレス、クリス・キャッチャー『株式売買スクール』（同）

③DUKE。『新高値ブレイク投資術』（東洋経済新報社）

④林則行『伝説のファンドマネージャーが教える株の公式』（ダイヤモンド社）

３．不動産投資について

①杉山浩一『新富裕層のための戦略的不動産投資』（幻冬舎）

あとがき

　この書籍を書こうと思い始めたのは、2020年1月頃でした。そ
れ以降面白いことに、米中貿易戦争の激化や新型コロナウイルス
によるパンデミック大恐慌や安倍総理大臣の辞任から菅政権の成
立などいろいろなイベントが起き、その度に書籍内容に加えるべ
き事象が起こりました。この書籍を書きながら、やはり自分自身
が生きてきた時代が日本経済の大変動時代だったということを再
認識しています。

　本書の基本となったアイデアは、木佐森吉太郎氏著『株式罫線
の見方使い方』（東洋経済新報社）からきています。景気循環と
株式相場がどのようなものか日本における景気循環と投資環境等
の状況について書かれていた唯一の書籍が、同氏のこの本でした。

　また、本書を書き始めた際に、Youtubeでみた著名ヘッジファ
ンド・マネージャーであるレイ・ダリオ氏の『超長期の経済変動』
やなぜリーマンショックが起こったのか、また、その後の世界経
済がどのようになるかについて多くのヒントを与えてくれました。
加えて、MMT（現代貨幣理論）については、新経世在民新聞に
おける三橋貴明氏の映像や書籍を参考にさせて頂いております。

2020年5月頃に上念司氏が出された著書『経済で読み解く日本史　大正・昭和時代』及び『経済で読み解く日本史　平成時代』（飛鳥新社）で、各時代の金融政策等を確認させて頂きながら書かせて頂いた部分もあります。これら映像及び書籍については、みなさんも興味があれば是非見て読んで、これらの点の理解を深めることをお勧めします。

　1980年代後半のバブル最盛期のバブル時代から日本が低成長経済に陥ったその後のデフレ期約20年、そして2013年にアベノミクスが始まってから、日本でも「政府の借金は悪ではない」「お金は循環しなければならない」というようなパラダイムシフトが起こりつつあります。世界的な情勢の大転換期から2030年へ向かって、日本経済が大きく変化してく時代の幕開けのようです。

　最近は、米国と中国による世界覇権をかけた米中貿易戦争や、現在時点では新型コロナウイルスによる世界的な大不況が進行しています。既に世界中の国で、この大不況を克服するために、各国政府の財政拡大政策や超金融緩和が行われています。

　結果的に、日経平均が5万円になるシナリオを強く印象付ける時代がやってきました。この書籍を書き始めてからの状況や情勢の変化によって、この書籍の内容に厚みがでてきましした。著者としてはたいへん喜ばしい状況になったのです。

　機関投資家は、大きなポートフォリオを運用するのに、インデックス投資が最善であることにも気づき始めており、過去10年でそのように変化してきています。巨大な株式投資家となった、

GPIFや日銀がそれを証明しています。

　これからの時代は、個人投資家が機関投資家を投資で打ち負かせる時代に変化していくと考えています。日本でもインデックス投資家が大きく増えていくでしょう。加えて、個人投資家は小回りのきく投資で、機関投資家を大きく上回るようなリターンを上げるようになるでしょう。

　その際に大切なことは、技術革新による20年から50年以上の経済の成長過程や約10年程度の景気循環などを知った上で、株式投資をすることです。私も約40年間、株式投資家として、このような大変動の時代を勝ち残ってきました。

　ペンネームも「ふりーパパ」から「成長株テリー」に変えました。これはいくつになっても人間として「成長株」でいたいと思いを込めて変えたものです。個人投資家として、この書籍の内容が血となり肉となって、みなさんの屋台骨を支えるものとなることを期待してやみません。

　最後になりますが、本書の作成を後押しして頂いたパンローリング社の後藤康徳社長そしてスタッフの皆様、また、この書籍を書く基礎を積み上げた『ふりーパパ投資塾』にご協力頂いたエンジュク社及び受講者の皆様、その他関係者の皆様に感謝を申し上げて、巻末の言葉にしたいと思います。

　2021年1月

成長株テリー

巻末資料

参考資料 1

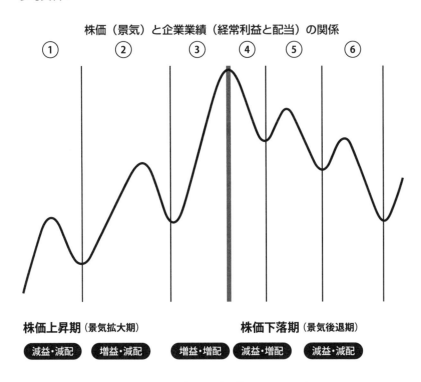

株価（景気）と企業業績（経常利益と配当）の関係

次のページから、6社の事例を掲載いたします。

参考資料2

事例1： 松下電器産業（現パナソニック）　1984年〜1988年

「会社四季報」1988年第3集（東洋経済新報社刊）より

参考資料3

事例2： 住友不動産　1987年～1995年

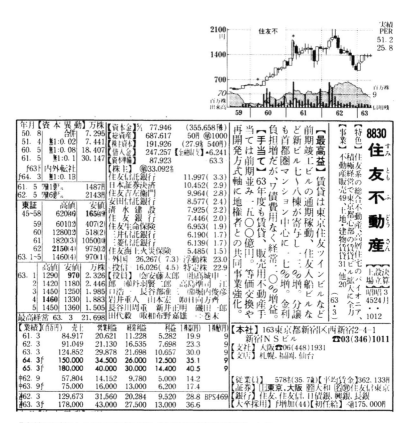

「会社四季報」1988年第3集（東洋経済新報社刊）より

参考資料4

事例3： HOYA 1995 年～1999 年

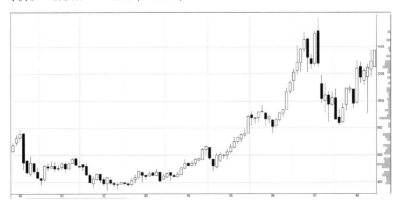

決算期	売上高	経常利益	一株あたり利益	配当
1994 年 3 月期	1046	105	43.3	17
1995 年 3 月期	1060	136	56.0	18
1996 年 3 月期	1128	167	68.4	21
1997 年 3 月期	1297	200	76.0	23
1998 年 3 月期	1200	152	79.0	28
1999 年 3 月期	2013	336	153.6	30
2000 年 3 月期	2011	355	178.4	35
2001 年 3 月期	2368	481	188.3	50

参考資料5

事例4： ソニー　　1997年～2003年

決算期	売上高	経常利益	一株あたり利益	配当
1998 年 3 月期	67555 億円	4537 億円	283.8 円*	30 円*
1999 年 3 月期	67946 億円	3681 億円	218.5 円*	25 円*
2000 年 3 月期	66866 億円	2643 億円	294.6 円*	25 円*
2001 年 3 月期	73148 億円	167 億円	18.3 円	25 円
2002 年 3 月期	75782 億円	153 億円	16.7 円	25 円
2003 年 3 月期	74963 億円	2476 億円	125.7 円	25 円
2004 年 3 月期	74963 億円	1440 億円	96.0 円	25 円

*1998 年～2000 年度中の株式2分割考慮後

参考資料6

事例5： 新日鉄　2002年～2009年

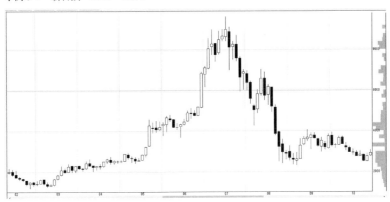

決算期	売上高	経常利益	一株あたり利益	配当
2002 年 3 月期	25813	167	-4.2	1.5 円
2003 年 3 月期	27493 億円	413 億円	4.4 円	1.5 円
2004 年 3 月期	29259 億円	687 億円	6.4 円	1.5 円
2005 年 3 月期	33893 億円	1729 億円	32.7 円	5.0 円
2006 年 3 月期	39063 億円	5474 億円	51.1 円	9 円
2007 年 3 月期	43021 億円	5676 億円	54.3 円	10 円
2008 年 3 月期	48270 億円	5641 億円	56.3 円	11 円
2009 年 3 月期	47698 億円	3361 億円	24.6 円	6 円

参考資料7

事例6：　横河電機　2013年～2019年

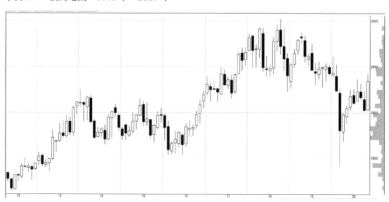

決算期	売上高	経常利益	一株あたり利益	配当
2013年3月期	3479億円	180億円	57.0円	10円
2014年3月期	3885億円	257億円	47.9円	10円
2015年3月期	4057億円	298億円	67円	12.5円
2016年3月期	4137億円	407億円	114.0円	25円
2017年3月期	3914億円	330億円	96.4円	25円
2018年3月期	4066億円	333億円	80.3円	30円
2019年3月期	4037億円	337億円	106.5円	32円
2020年3月期	4044億円	363億円	55.0円	34円

参考資料8

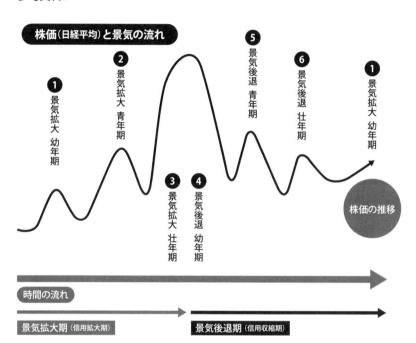

株価（日経平均）と景気の流れ

❶ 景気拡大　幼年期

❷ 景気拡大　青年期

❸ 景気拡大　壮年期

❹ 景気後退　幼年期

❺ 景気後退　青年期

❻ 景気後退　壮年期

❶ 景気拡大　幼年期

株価の推移

時間の流れ

景気拡大期（信用拡大期）　　**景気後退期**（信用収縮期）

❶❷❸❹❺❻ 各々約2年程度で、次の❶（幼年期）へ戻る。各期の間には、日経平均10%〜20%程度の調整局面があることが多い。株式市場の大まかな傾向

中小型株⬆	大型株⬆	全面⬆	全面⬇	大型株⬇	中小型株⬇	新興株⬇
新興株&成長株⬆	成長株&バリュー株&優待株⬆	全面⬆	全面⬇	バリュー株⬇	成長株⬇	優待株⬇

【著者略歴】

成長株テリー（せいちょうかぶ・てりー。前ペンネーム「ふりーパパ」）
大学卒業後、1980年代から株式投資および不動産投資を始め、
数億円単位の資産を作る。ウィリアム・オニールが推奨した成長
株投資法の日本株市場での実践者。ニュージーランド在住。独自
の視点と観察力で、リーマン・ショックなど、日本の経済停滞期
にも資産を大きく減らすことなく現在に至る。成長株投資で儲け
た資金をもとに不動産投資を行うのが資産運用の特徴。
著書に『スピード出世銘柄を見逃さずにキャッチする　新高値ブ
レイクの成長株投資法 ——10倍株との出合い方を学ぶ』（パンロ
ーリング）『株は新高値で買いなさい！ 今日から始める成長株投
資』（秀和システム）『ゼロから純資産5億円を築いた私の投資法』
（ぱる出版）など。

2021 年 3 月 4 日　初版第 1 刷発行

現代の錬金術師シリーズ ⑯

日経平均5万円時代がやってくる
——2030年までの株式市場、大胆予測

著　者	成長株テリー
発行者	後藤康徳
発行所	パンローリング株式会社
	〒 160-0023　東京都新宿区西新宿 7-9-18　6 階
	TEL 03-5386-7391　FAX 03-5386-7393
	http://www.panrolling.com/
	E-mail　info@panrolling.com
装　丁	パンローリング装丁室
組　版	パンローリング制作室
印刷・製本	株式会社シナノ

ISBN978-4-7759-9178-7

【免責事項】
この本で紹介している方法や技術、指標が利益を生む、あるいは損失につながることはない、と仮定
してはなりません。過去の結果は必ずしも将来の結果を示したものではありません。この本の実例は
教育的な目的のみで用いられるものであり、売買の注文を勧めるものではありません。

スピード出世銘柄を見逃さずにキャッチする
新高値ブレイクの成長株投資法
10倍株との出合い方を学ぶ

ふりーパパ, DUKE。【著】

定価 本体2,800円+税　ISBN:9784775991633

買った瞬間に「含み益」も大げさではない！ファンダメンタルの裏付けがある「新高値」の威力とは？

「新高値」を使った成長株投資を行うと、極めて重要な「投資の時間効率」が格段に向上する。ファンダメンタル分析だけで石の上にも3年的な"我慢の投資"から解放されるのだ。スピード出世する銘柄に出合いやすい点は大きなメリットになる。「新高値」を付けるときには、会社のファンダメンタルズに大きな変化が起きている可能性も高い。つまり、業績を大きく変えるような「何らかの事象が起こっていること」を察知しやすいというメリットも「新高値」を使った成長株投資にはある。

対TOPIX業種指数チャートの動きに乗る
個人投資家のための「市況株」短期トレード

浜本学泰【著】

定価 本体2,000円+税　ISBN:9784775991558

対TOPIX業種指数チャートの動きに乗る、当たりまくりの短期トレード

個人投資家は、機関投資家が苦手な分野で勝負する必要がある。それこそが、「市況株」の短期でのテクニカルトレードだ。TOPIXの方向を確認し、オリジナルの対TOPIX業種指数チャートを見て、どの業種が強いか、弱いかを知り、その業種内の銘柄（ほぼ決まっている）をトレードする。短期前提ならば、選んだ素直に動きやすいという特徴があるから、「エントリーした途端に大きく逆行してしまった」というような悩みが起こりにくい。当てにいかずに、「動いた」という事実に乗るだけのトレード法だ！